INGEMAR KÖNIG

CAPUT MUNDI

ROM – WELTSTADT DER ANTIKE

Blick vom Kapitol auf das Forum Romanum.

INGEMAR KÖNIG

CAPUT MUNDI

ROM – WELTSTADT DER ANTIKE

Die Herausgabe des Werkes wurde durch die Vereinsmitglieder
der WBG ermöglicht.
Gesamtgestaltung/Satz/Prepress: Lohse Design, Büttelborn
Gedruckt auf säurefreiem und alterungsbeständigem Papier
Printed in Germany

Besuchen Sie uns im Internet: www.wbg-darmstadt.de

ISBN 978-3-534-21481-5

INHALTSVERZEICHNIS

Rom in augusteischer Zeit.

VORBEMERKUNG

Wir wissen, dass Reisende sich bereits in der Antike Notizen über das Gesehene anfertigten, und ich darf hier nur an den berühmten »Baedeker« von Pausanias, »Reisebeschreibung Griechenlands« erinnern, der immerhin Heinrich Schliemann zu seinen Ausgrabungen von Mykene und Tyrins angeregt hat. Solche Reisebeschreibungen gab es in allen Jahrhunderten, und sie dienten entweder als geographische Berichte – so etwa die Reise des Pytheas von Marseille bis ans Ende der Welt, nach *ultima Thule* – oder aber als Schilderungen für die zu Hause Gebliebenen, um, wie etwa die des Rompilgers aus Pfäffers am Zürichsee, ihnen die Wunder, die man selbst gesehen und erfahren hat, wenigstens auf diese Weise nahezubringen.

Durch solche Berichte angeregt, habe ich mich entschlossen, ebenfalls einen imaginären Reisenden, dem ich in Anlehnung an einen Händler aus der Umgebung von Trier den Namen Gaius Julius Primus gegeben habe, auf den Weg zu schicken. Es ist nicht ganz klar, ob der Genannte, dessen Inschrift in Avenches gefunden wurde, im ausgehenden zweiten oder beginnenden dritten Jahrhundert gelebt hat, doch scheint mir dies für meine Darstellung eher unerheblich. Ich lasse also Gaius Julius Primus der Geschäfte halber nach Italien reisen, ihn bei einem Geschäftsfreund in Ostia unterkommen und die Gelegenheit ergreifen, die Weltstadt Rom und deren Sehenswürdigkeiten zu erkunden.

Dass ich dabei im Interesse des heutigen Lesers nicht ganz konsequent bin, indem ich ihn durch die Aurelianische Mauer die Stadt betreten und Gebäude sehen und besuchen lasse, die in seiner Zeit nicht mehr bestanden – so etwa das Goldene Haus Neros –, mag der geschichts- und topographiekundige Leser verzeihen, ebenso die Tatsache, dass ich meinem Reisenden zu Gebäuden Zutritt gewähre, die ihm naturgemäß verschlossen waren oder die er, wäre er dort eingedrungen, vielleicht nicht mehr lebend verlassen hätte: Kaiser wie Domitian oder Caracalla, die in steter Furcht vor Attentätern lebten, hätten ihn wohl der Palastwache ausgeliefert.

Weitere Inkonsequenzen bestehen darin, dass ich die Jahresangaben nicht *ab Urbe condita* (753 v. Chr.) oder nach den amtierenden Consuln rechne, sondern vor oder nach Christi Geburt, und dass ich moderne Maßangaben nicht in »römische Fuß« (29,57 cm) umgerechnet habe.

Dennoch: Die Idee, einen »Zeitgenossen« das kaiserzeitliche Rom durchwandern zu lassen, erschien mir reizvoll, wobei ich die Herrschaft Diokletians und die Zeit danach bewusst ausgespart habe. Leser, die an dieser Epoche, vor allem am christlichen Rom, interessiert sind, seien auf das grandiose Werk von *Richard Krautheimer, Rome. Profile of a City, 312 – 1308*, verwiesen.

Die Idee, einen Bildband über Rom, die Hauptstadt eines Weltreiches, vorzulegen, wurde mir von Dr. Harald Baulig, Lektor der Wissenschaftlichen Buchgesellschaft, nahegelegt. Er regte dabei an, die einzelnen Stadtviertel vorzustellen – eine höchst reizvolle Aufgabe, die ich hier in etwas abgewandelter Form aufgegriffen habe. Für seine Beratung darf ich hier besonders danken.

Dieses Buch soll kein archäologischer Führer sein, wie ihn Filippo Coarelli vorgelegt hat, auch keine politisch-ideologische Darstellung der Stadtentwicklung, wie sie Frank Kolb aufzeigt, vielmehr eine Anregung, selbst einen ausgedehnten Rundgang durch das antike Rom zu unternehmen.

Trier, im Sommer 2008 Ingemar König

Prima urbes inter, divum domus,
aurea Roma.

Die erste unter den Städten, das Haus der Götter,
das ist das goldene Rom.

AUSONIUS, ORDO URBIUM NOBILIUM XI 1

I

AUREA ROMA – DAS GOLDENE ROM

EINE KLEINE EINFÜHRUNG

Das antike Rom war eine Weltstadt, vergleichbar dem heutigen New York oder London, jedoch politisch bedeutender, da es zugleich die Zentrale der »Weltherrschaft« war. Dort residierte der Senat, dort amtierten die Konsuln, dort wurden die Gesetze verkündet, die im ganzen Imperium Gültigkeit besaßen. Natürlich hatte sich der politische Aspekt in der Kaiserzeit verändert, vor allem mit und nach den Severern, da sich »Rom« nunmehr dort befand, wo sich der Kaiser aufhielt: Er regierte zumeist durch Edikte, die er zusammen mit seiner reisenden Kanzlei verfasste und von seinem jeweiligen Aufenthaltsort an die Adressaten schickte, natürlich auch nach Rom. Aber Rom und sein Senat blieben bis in die Spätantike der Ort, wo dem Kaiser die Anerkennung ausgesprochen wurde, wo er seine Triumphe mit dem Zug zum Kapitol feierte, wo er das Amt des *pontifex maximus*, des obersten Kultherrn, wahrnehmen sollte, wo er den Göttern das Opfer darbrachte zum Wohle des Staates: *bono rei publicae*. Dies blieb auch noch lange Zeit so nach der Gründung Konstantinopels: Der »Besitz« von Rom war Ausweis der Herrschaft, und fast alle Usurpatoren trachteten danach, den »Marsch auf Rom« anzutreten, um vom Senat die offizielle Anerkennung zu erlangen.

Zur Beziehung zwischen Kaiser und Rom gehört natürlich auch die Pflicht, einerseits die bereits in der Republik entstandenen repräsentativen Bauwerke der Hauptstadt zu bewahren, die Tempel zu erhalten, die Stadt mit neuen öffentlichen Prachtbauten zu schmücken und über die allgemeine Bauaufsicht die Sicherheit der Gebäude vor Einsturz und Brandgefahr zu gewährleisten, andererseits aber auch, die städtische Bevölkerung, die *plebs urbana* zu befriedigen, was uns heute in dem bekannten Ausspruch des Dichters Juvenal geläufig ist: *panem et circenses* = Brot und Spiele (*Saturae* 10,81).

Rom war aber auch Vorbild für die Provinzstädte, die sich gerne als Spiegelbild der Hauptstadt sahen, nicht nur hinsichtlich der politischen Einrichtungen: Man legte Wert darauf, neben einem Tempel für die »Kapitolinische Trias«, das heißt für Jupiter, Juno und Minerva, auch einen solchen für die »göttliche« Familie des regierenden Herrschers, die *domus divina*, zu besitzen, man kopierte, soweit dies finanziell möglich war, die öffentlichen Anlagen wie etwa die Bäder – Trier besaß in der hohen Kaiserzeit mindestens zwei Thermenanlagen, wozu später noch die »konstantinische« kam –, den Zirkus und das Amphitheater, dessen beeindruckende Dimensionen in Arles, in Grand (in den Vogesen bei Neufchâteau)

◄ **Abb. 1**
Leben auf dem Forum Romanum, etwa Ende des 2. Jahrhunderts (nach Joseph Bühlmann und Friedrich von Thiersch).

Abb. 2
Rekonstruktion des Pompejustheaters (nach einer Zeichnung von Georg Rehländer).

oder auch Trier erkennbar sind. Man leistete sich wenn möglich sogar ein Theater, wie es etwa in Orange so prächtig erhalten blieb. Aber Rom wollte nicht nur Vorbild als Stadt sein, es trachtete danach, seine Kultur zu exportieren, um so die »Barbaren« in die römische Zivilisation einzubeziehen, sie zu »Römern« zu machen. Es ist interessant, hier eine Aussage des Historikers Tacitus einzufügen, der in seiner Schrift »Agricola« zum römischen »Zivilisationsexport« nach Britannien kritisch vermerkt (21): »So kam es, dass Menschen, die eben noch die römische Sprache ablehnten, nun nach Redekunst verlangten. Von da an kam auch unser äußeres Auftreten zu Ansehen, und die Toga wurde häufig getragen; nach und nach verfiel man der Verweichlichung des Lasters, den Säulenhallen, Bädern und dem feinen Geschmack von Gelagen. Und so etwas wird von den Unerfahrenen Lebenskultur genannt, während es nur Teil der Knechtschaft war.« Kulturexport als Waffe!

Kaiser und reiche Amts- wie Privatpersonen widmeten sich dem Bauprogramm, das vielen Handwerkern und Arbeitern den Lebensunterhalt sichern konnte, gaben öffentliche Spiele, in denen sie außer Volksbelustigungen auch Brotverteilungen boten, und die Kaiser ließen eine Liste der Bedürftigen (*plebs frumentaria*) führen, die Anrecht auf Gratiszuteilung oder wenigstens Zuweisung von verbilligtem Getreide hatten.

Rom war sowohl ein Schmelztiegel der Bevölkerung, in dem sich jedoch der ärmste römische Bürger, der *civis Romanus*, immer allen Nichtbürgern überlegen fühlte, als auch ein solcher der Kulturen. Sklaven aller Herren Länder, aller Hautfarben, aller Glaubensrichtungen, jeden Bildungsstandes fanden sich in Rom, und mancher Sklave hatte im Haushalt seines Herrn ein besseres Auskommen als ein Tagelöhner. Rom war ein Ort der kontrollierten Zuwanderung von finanziell potenten Personen, von Amtsträgern und Senatoren, die dort ihren Wohnsitz nehmen, sich in Italien »einkaufen« mussten, Ort von Poeten, Künstlern und Studierenden. Rom war aber auch Ort der unkontrollierten Zuwanderung von Arbeitsuchenden, Glücksrittern, Bettlern und zwielichtigen Gestalten, ein Zustrom, den die Behörden nicht in den Griff bekamen. Solche Leute wohnten natürlich in weniger luxuriösen Stadtvierteln, dort, wo die Mieten noch bezahlbar waren, in brüchigen Hochhäusern oder Bruchbuden, in den Katakomben der alten Steinbrüche, in den Kloaken oder außerhalb der offiziellen Stadtgrenze in den dafür geeigneten Grabbauten.

Abb. 3
Modell eines mehrgeschossigen Mietshauses in Ostia (Rekonstruktion von Italo Gismondi).

Aber nicht nur solche Gruppen fanden sich in Roms Straßen, auch die Priester der verschiedensten Religionsgemeinschaften wandelten – begleitet von »Ministranten« und Anhängern – durch die Straßen, meist in ihrer Amtstracht, also jederzeit als *religiosi*, als *sacerdotes* erkennbar. Obwohl es für die Mehrzahl der staatlichen Priesterschaften nicht unbedingt Vorschrift war, täglich Amtstracht zu tragen – *cottidie feriatus* sagen die Römer –, so taten dies andere nur zu gerne, um so den Respekt der ihnen Begegnenden zu erleben, bestünde er auch nur darin, dass man ihnen auf der Straße Platz machte, statt sie anzurempeln. Denn angerempelt werden konnte man in Rom überall und jederzeit, weil, wie etwa Martial klagt (7,61), die Straßen, Gehwege und Säulenhallen von Handwerkern und ihren Ständen, von Schulklassen, die in aller Öffentlichkeit unterrichtet wurden, wenn der Lehrer keine geeigneten Räume beziehen konnte oder dafür einfach zu arm war, von Leuten, die sich um eine Garküche scharten oder vor einem Weinausschank drängten, blockiert waren: ein Paradies für Taschendiebe und Beutelschneider. Rom

Abb. 4
Opferszene.

bot überall ein Gewirr von Menschen, Moden und Sprachen, da Latein zwar die offizielle Sprache war, aber nur die Oberschicht ein »klassisches« Latein sprach. Umgangslatein mit seltsamer Aussprache und Grammatik war ebenso zu hören wie Griechisch oder eine der orientalischen Sprachen, und selbst Punisch, die Sprache Hannibals und der Vorfahren des Kaisers Septimius Severus, war in den Basaren der Basiliken präsent.

Roms Straßen mussten kontrolliert werden, und die Quartier- oder Stadtwachen, die *cohortes urbanae* oder *vigiles*, drängten sich in militärischem Schritt rücksichtslos durch die Menge, wobei manche angesehene Person bei einer Schlägerei auch noch von der Polizei mit verprügelt wurde. Man ging vorzugsweise, wenn man es sich leisten konnte, in Begleitung aus, um sich vor Randalierern und Räubern zu schützen, rüstete seine »Bodygards« mit Knüppeln oder verborgenen langen Messern aus, trug den spitzen Schreibgriffel an sich.

Zudem brannten in Rom überall Feuer: zunächst einmal solche, die für ein Brandopfer an die jeweils verehrte Gottheit bestimmt waren, sei es auf dem Kapitol oder, weithin sichtbar, im Hofe des Vestatempels, sei es vor den großen Tempeln oder kleineren Kultschreinen, solche im heimischen Herd oder jene, die in manchmal tragbaren Öfen auf der Straße entzündet wurden, um darauf Suppen oder Fladen zuzubereiten, Feuer in Handwerksbetrieben, aber auch solche, die aus Unachtsamkeit ausbrachen und ganze Häuserzeilen, ja Stadtquartiere in Schutt und Asche legten. Manchmal wurde sogar absichtlich Feuer gelegt, um ein Haus oder eine Mietskaserne, eine *insula*, abzufackeln, um an deren Stelle einen Neubau zu setzen: Häuser offiziell niederzulegen bedurfte nämlich der Erlaubnis der städtischen Bauaufsicht, die auch Auflagen für den Neubau machte.

All dies führte dazu, dass sich in Rom Stadtviertel entwickelten, die den besseren Leuten vorbehalten waren, Stadtviertel mit großen Privatparks oder solchen, die zeitweilig der Öffentlichkeit zugänglich gemacht wurden, Stadtviertel wie der Palatin, der von den Anlagen der Kaiser nach und nach überbaut wurde, und andere, in denen sich bei guter Wasserversorgung die armen Leute niederließen und die unter Überbevölkerung und geringer Hygiene litten. Nicht von ungefähr fand sich nahe den unweit des Kolosseums gelegenen Titusthermen eine Inschrift, die den Zorn der Zwölf Götter, von Diana und Jupiter Optimus Maximus gegen den heraufbeschwört, *quisquis hic mixerit aut cacarit* (»der hier pinkelt oder kackt!«, CIL VI 29848*b*). Solche Zustände förderten natürlich die Krankheitsrisiken und wirkten sich auf eine höhere Sterblichkeit aus: Hier war man weniger vor einer Epidemie geschützt als in den besseren, meist auch höher gelegenen Stadtvierteln, die nicht den Tiberüberschwemmungen und der stickigen Luft heißer Sommertage ausgesetzt waren, abgesehen davon, dass »man« im Sommer Ferien auf dem Lande oder am Meer machte, in Villen, die allen Luxus boten. In den »niederen«, teilweise sogar berüchtigten Stadtvierteln wie etwa der Subura, dem Argiletum oder dem Arbeiterviertel Trans Tiberim, kamen die von dem berühmten Arzt Galen zur Zeit Marc Aurels ausgearbeiteten Hygienevorschriften nicht an.

Dennoch: Rom war Anziehungspunkt für viele, die aus den Regionen Italiens oder den Provinzen herbeieilten, sei es, um die Hauptstadt einmal zu sehen, sei es, um dort Geschäfte zu machen, ein anderes, vielleicht besseres Leben zu suchen: Rom war ein riesiger Produktions- und Verbrauchermarkt.

Im Prinzip galt auch damals schon der uns aus nachrömischer Zeit geläufige Spruch: »Alle Wege führen nach Rom.« Rom war, wie gesagt, der Sitz der Reichsverwaltung, der Regierung, und alles, was man politisch erreichen wollte, musste »über Rom« geschehen. Aber auch alle Reichsstraßen führten schließlich nach Rom, dem »Zentrum der Welt«, wo auf dem Forum der »Goldene Meilenstein« stand, und wir besitzen in den Provinzen Meilensteine, die

Abb. 5
Millarium Aureum.

Abb. 6
Via Appia.

neben der lokalen Entfernung von einem Straßenkopf (*caput viae*) zum anderen auch die Entfernung nach Rom selbst angeben, so wie wir heute manchmal auf Straßenschilder treffen, die neben der Distanz von einem größeren Ort zum nächsten auch die etwa nach Berlin oder Paris anzeigen, selbst wenn diese Hauptstädte noch hunderte Kilometer entfernt sind.

Rom hatte viele Zugänge. Nachdem aber im zweiten und ersten Jahrhundert vor Christus die Stadt über die alte »servianische« Mauer hinausgewachsen war, lagen die alten Stadttore innerhalb der Stadt, so dass es kaum mehr möglich war, durch ihr Schließen den inneren Bereich zu schützen. Und in der Kaiserzeit selbst veränderte sich das Bild Roms als offene Stadt erst, als unter der Bedrohung durch die Germaneneinfälle Kaiser Aurelian sich entschloss, eine Mauer zu errichten, die als Verteidigungslinie der Kampfstärke der städtischen Truppen und der Bevölkerung entsprach; das heißt, auch diese Mauer beließ einige Ansiedlungen außerhalb, war darauf angelegt, dass deren Bewohner sich im Ernstfall hinter die Stadtmauer zurückziehen sollten.

Rom war, wie heute noch etwa an der Via Appia erkennbar, durch hervorragend ausgebaute Straßen zu erreichen. Dort fanden sich auch, da eine Bestattung in Rom verboten war, die mehr oder weniger großartigen Grabbauten und Katakomben, dort fanden Bestattungen statt, Begräbnisrituale, Gedenkfeiern, Opfermahle, so dass sich das vorher erwähnte Gedränge hierher fortsetzte und sich erst in weiterer Entfernung von der Stadt etwas lichtete, aber nur wenig, wie der Philosoph Seneca klagt (*Epistulae ad Lucilium* 20,123,7). Auch hierin war Rom Vorbild für andere Städte, wenn wir nur an die »Elysischen Gefilde« von Arles (*Les Alyscamps*) oder die Ausfallstraßen von Trier denken.

Will man einen ungefähren Eindruck vor allem des kaiserzeitlichen Rom vermitteln, so muss man sich notgedrungen auf eine bestimmte Zeit beschränken. Es gehörte zu den Aufgaben mächtiger, reicher Persönlichkeiten und damit natürlich auch zu denen des Kaisers, die Haupt- und Residenzstadt des Imperiums mit repräsentativen Bauten zu schmücken,

Abb. 7
Der Text des Monumentum Ancyranum auf der Außenwand des neuen Museums der Ara Pacis.

Abb. 8
Augustus.

von denen heute bis auf das berühmte Pantheon, das Hadriansgrabmal, den Rundtempel auf dem Forum Boarium, den Tempel des Antoninus Pius und der Fausta oder das Kolosseum alle mehr oder weniger verschwunden beziehungsweise nur noch als eindrucksvolle Reste vorhanden sind, aufgegangen in der mittelalterlichen Bausubstanz. Dazu kommt, dass vieles davon bereits dadurch in Mitleidenschaft gezogen war, dass die Bewohner selbst den Erhalt solcher Gebäude kaum finanzieren konnten und auf Zuschüsse der Herrschenden angewiesen waren.
So schreibt Augustus in seinem »Tatenbericht« (*Res gestae*), dass er nicht nur mehrfach der Staatskasse Geld gespendet – insgesamt 150 Millionen Sesterzen –, sondern auch persönlich aus eigenem Vermögen ein umfangreiches Bau- und Restaurierungsprogramm aufgelegt habe. Es lohnt sich, hier die entsprechenden Passagen aus den *Res gestae* vollständig zu zitieren, um den Umfang der Arbeiten einigermaßen erfassen zu können (4,19ff.):

Die Curie und das daran angrenzende Chalcidicum [es handelt sich um einen kleinen Tempel der Athena von Chalkis], den Apollotempel auf dem Palatin mit seinen Säulenhallen, den Tempel des vergöttlichten Julius, das Lupercal, die Säulenhalle am Circus Flaminius, bei der ich erlaubt habe, dass sie nach demjenigen, der schon früher an gleicher Stelle eine solche erbaut hatte, die ›Octavische‹ genannt werde, die Weihestätte am Circus Maximus, die Tempel für Jupiter Feretrius und Jupiter Tonans auf dem Kapitol, den Tempel des Quirinus, Tempel der Minerva, der Juno Regina, des Jupiter Libertas auf dem Aventin, das Larenheiligtum am höchsten Punkt der Via Sacra, das Heiligtum der Penaten im Bezirk der Velia, den Tempel der Juventas und den Tempel der Magna Mater auf dem Palatin habe ich erbaut.

Beide Bauten, das Kapitol und das Pompejustheater, ließ ich mit gewaltigem Aufwand wiederherstellen, jedoch ohne meinen Namen in einer Inschrift zu nennen. Die Wasserleitungen, die an zahlreichen Stellen wegen ihres Alters schadhaft geworden waren, ließ ich wiederherstellen, und die Wasserleitung, die die ›Marcia‹ genannt wird, habe ich auf die doppelte Leistung erhöht, indem ich eine neue Quelle ihrem Lauf zuleiten ließ. Das Forum Julium und die zwischen Castor- und dem Saturntempel gelegene Basilika, Bauten, die von meinem Vater begonnen und fast zu Ende geführt worden waren, habe ich vollendet, und als die gleiche Basilika durch einen Brand zerstört worden war, habe ich sie mit vergrößertem Grundriss unter dem Namen meiner Söhne erneut fertig stellen lassen. Falls ich sie nicht zu Lebzeiten vollenden kann, habe ich angeordnet, dass sie von meinen Erben fertig gestellt werde. 82 Göttertempel habe ich in meinem sechsten Konsulat [28 v. Chr.] in der Stadt auf Senatsbeschluss wiederherstellen lassen, wobei keiner übergangen wurde, der zu dieser Zeit erneuerungsbedürftig war. In meinem siebten Konsulat [27 v. Chr.] habe ich die Via Flaminia von Rom bis Ariminum [Rimini] ausbessern lassen, sowie alle Brücken mit Ausnahme der Mulvischen und der Minucischen.

Aus der Kriegsbeute habe ich auf Privatgrund den Tempel des Mars Ultor und das Augustusforum erbaut. Das Theater beim Apollotempel ließ ich auf einem großenteils aus Privathand aufgekauften Grund erbauen, das den Namen meines Schwiegersohnes Marcus Marcellus tragen sollte. […]

Der Biograph Sueton berichtet, Augustus habe auch andere Männer, vor allem siegreiche Generäle, darunter seinen Freund und Schwiegersohn M. Vipsanius Agrippa, aufgefordert, aus den Beutegeldern (*ex manubiis*) entweder verfallene Gebäude – vor allem Tempel – zu restaurieren oder neue Bauten zu errichten, um die Hauptstadt des Imperiums zu schmücken. So taucht immer wieder in archäologischen Werken der Gedanke auf, Caesar habe seine Hauptstadt nach Alexandria, der damals prächtigsten Metropole, verlegen wollen, was Augustus, der seinem Konkurrenten Marc Anton vorwarf, diese Idee dank der »Ägypterin« Kleopatra verwirklichen zu wollen, in seiner Propaganda bekämpfen musste. Wenn Augustus, so lautete die weitere Theorie, schon nicht Alexandria als neue Residenz wählen durfte, so sollte doch »sein« Rom der Pracht dieser Stadt in nichts nachstehen: »Und er sorgte sich um die Stadt, die er um der Majestät des Reiches willen ausgeschmückt hatte […] so sehr, dass er sich zu Recht rühmte, ›er hinterlasse eine marmorne Stadt, die er als eine aus Ziegeln übernommen habe‹« (Sueton, Augustus 28,3).

Abb. 10
Die sogenannte Venus vom Esquilin: Kleopatra?

Abb. 9
Caesar.

Wie bereits gesagt, gehörte es zur Pflicht jedes Kaisers, Rom zu verschönern, und Namen wie Nero mit seinem ›Goldenen Haus‹ (*domus aurea*), Vespasian mit dem Amphitheater, Domitian mit seinem Palast und dem Stadion, vor allem aber Trajan mit seiner Forumsanlage beziehungsweise Caracalla mit seinen Thermen stehen bis heute für herausragende Bautätigkeit.

Wir wissen, dass im Laufe der Jahre manche Anlage verfallen ist und die Kenntnis entsprechender Konstruktionen, ja sogar deren Reparatur in Italien verloren gegangen war, so dass sich der Ostgotenkönig Theoderich der Große später an den Vandalenkönig Thrasamund wenden musste mit der Bitte,

Abb. 11
Aqua Claudia.

ihm Fachleute für Aquaedukte zu schicken (Cassiodor, *Variae* 3,53). Überhaupt musste sich der König der Restaurierung stadtrömischer Bauten – aber nicht nur dieser – widmen, was er in so bedeutendem Maße tat, dass Bischof Ennodius, der im Jahre 507 eine Festrede auf Theoderich hielt, schrieb (*Panegyricus 56*): »Ich sehe, wie ein ungeahnter Glanz aus der Asche der Städte emporsteigt und unter der Fülle der bürgerlichen Behausungen überall die Dächer von Königspalästen rötlich erglänzen. Ich sehe, dass die Bauten schon vollendet sind, wenn mich noch gar nicht die Kunde davon erreicht hat, dass sie angeordnet sind. Selbst Rom, die Mutter der Städte, wird wieder jung, indem man die morschen Glieder des Alters beseitigt.«

Dass Rom damals im »alten« Glanz wiederzuerstehen begann, bezeugt auch Fulgentius von Ruspe, der zur Zeit der Tricennalien Theoderichs, das heißt im Jahr 500 in Rom weilte: »Brüder«, so rief er aus, »wie prächtig muss das himmlische Jerusalem sein, wenn schon das irdische Rom so glänzt« (27 c. 13). Dies zeigt, dass sich Theoderich um den Erhalt der alten Reichshauptstadt bemühte: »Er ordnete an, dass zur Wiederherstellung des Kaiserpalastes beziehungsweise zur Erneuerung der Stadtmauern jährlich 200 Pfund [Gold] aus der Weinsteuerkasse (*arca vinaria*) zur Verfügung gestellt werden«, sagt ein anonymer Geschichtsschreiber (Anonymus Valesianus c. 67). Theoderich selbst kümmerte sich um die Arbeiten an der Aurelianischen Mauer (CIL XV 1665; Cassiodor, Variae 2,34), an der Curia (CIL VI 1794. 31933) und am Kolosseum (CIL VI 1716b = 32094b). Erneuert wurden außer der kaiserlichen Residenz auf dem Palatin auch der sogenannte Sessorische Palast. Dieser lag in der *Regio V* beim Amphitheatrum Castrense an der Aurelianischen Mauer. Konstantin der Große hatte das von Alexander Severus errichtete Gebäude zum Palast ausbauen lassen, in dem dann seine Mutter Helena wohnte. Für die Aufbewahrung der Reste des Heiligen Kreuzes wurde ein Saal als Kirche eingerichtet, die heutige Kirche S. Croce in Gerusalemme. Cassiodor überliefert uns dazu eine ›Formula curae palatii‹ (Variae 7,5). Natürlich ist daraus nicht zu schließen, dass dies die einzigen reparaturbedürftigen Bauwerke waren. Die Mehrzahl der Briefe Cassiodors, die sich mit dem Erhalt städtischer Bausubstanz beschäftigen, betreffen die Stadt Rom: zwei *formulae* an Architekten in Rom (Variae 8,6; 15), eine *formula* für die Kalkbrenner (Variae 7,17); die Verschönerung Roms betreffen die Schreiben 1,21; 2,7; 34; die Wiederherstellung der Getreidespeicher der Brief 3,29; die Wiederherstellung der Kloaken Brief 3,30, die der Aquaedukte und der Erhalt von Tempeln Brief 3,31; der Portus Licini wurde wie ehedem als Ziegelei eingerichtet, ihre Steine ebenso für die Ausbesserungsarbeiten der Aurelianischen Mauer wie die Renovierung des Senatsgebäudes verwendet. Rom begann damals im »alten« Glanz wiederzuerstehen, zumal Theoderich darin eine spezielle Verpflichtung sah (Cassiodor, Variae 3,30,1): »Was wäre nämlich würdiger, womit wir uns beschäftigen sollten, als die Wiederherstellung dessen zu verlangen, von dem feststeht, dass es zum Schmuck unseres Staates beiträgt?« Sogar Prokop, der während des Gotenkrieges Rom besucht hatte, bestaunte den großartigen Zustand römischer Bauwerke, auch wenn er den Anteil Theoderichs an diesem Werke verschweigt: »Dabei sind die Römer von allen Menschen, die wir kennen, ihrer Stadt in höchster Liebe zugetan und sie bemühen sich eifrig, alle Denkmäler vergangener Zeiten zu pflegen und zu bewahren, damit nichts vom alten Glanz Roms zugrunde geht. Und obwohl sie schon eine ziemlich lange Zeit unter Barbarenherrschaft gestanden hatten, haben sie doch die öffentlichen Bauten und die meisten Kunstwerke vor dem Verfall zu bewahren vermocht, soweit sie eben dank deren vorzüglicher Ausführung imstande waren, der Länge der Zeit und der Vernachlässigung entgegenzuwirken« (Prokop, Gotenkriege IV [VIII], 22, 5f.).

Rom war, um die Äußerung Prokops aufzunehmen, tatsächlich ein Museum, aber ein lebendiges Museum: Seine Tempel und profanen Bauten spiegelten die Geschichte der Stadt und des Imperiums wider. Die Mythologie war im Romulusgrab ebenso präsent wie in der Iuturnaquelle, die Stadtgeschichte in der Servianischen Mauer ebenso wie in der Curia des Pompejus, wo Caesar ermordet wurde, die Geschichte des Imperiums im Senatsgebäude oder dem Carcer Mamertinus ebenso wie in der Trajanssäule oder in der Aurelianischen Mauer: Rom war also nicht nur ein Hort der Bauästhetik, der etruskische, griechische und hellenistische Elemente bot, die Stadt war mehr noch ein steinernes Geschichtsbuch.

Abb. 12
Das berühmte Stadtmodell Roms von Italo Gismondi.

ZUR STÄDTEBAULICHEN ENTWICKLUNG ROMS

Wenn wir also eine Darstellung Roms versuchen wollen, so ist es angebracht, sich auf eine bestimmte Zeit zu beschränken, und so soll der Schwerpunkt in der klassischen Epoche liegen, also der Zeit, die die Wissenschaft zumeist als »Späte Republik« und »Hohe Kaiserzeit« bezeichnet. Abschließen könnte man sie mit den Kaisern Carus, Carinus und Numerian, und zwar deshalb, weil die heute noch sichtbare Stadtmauer Roms weitgehend ein Werk des Kaisers Aurelian war, also aus der Zeit der sogenannten »Soldatenkaiser« stammt. Dennoch soll in einem speziellen »Ausblick« auf einige der wichtigsten Bauten des vierten Jahrhunderts verwiesen werden, zumal diese heute das Stadtbild prägen.

Wir besitzen aus der Spätantike einige Listen von Bauwerken, die als prägend angesprochen werden. Wichtig aber ist der bedeutende, wenn auch stark fragmentierte Fund eines Stadtplans (*Forma Urbis*) der Severerzeit. Dieser war natürlich nicht der einzige, denn auch aus der Zeit des Claudius und des Domitian sind gleichartige Fragmente bezeugt. Aber der Severische Plan bietet einen guten Hintergrund für die Entwicklung der Tiberstadt zur »Beherrscherin der Welt«. Doch bis dahin war es ein langer Weg.

Beginnen wir mit einer Aussage des großen Redners Cicero, der auch ein kritischer Historiker der Stadtgeschichte war:

(Romulus) *urbem constituit, quam e suo nomine Romam iussit nominari.*

„Romulus gründete eine Stadt, die er nach seinem Namen ›Roma‹ zu nennen befahl« (De re publica 2, 12). Wie die moderne Archäologie feststellen konnte, hat die römische Sagenwelt vieles bewahrt, was sich als schlüssig erwies, wenn auch nicht in allen Einzelheiten beweisbar. Vor allem aber kann nicht weniges mit der Herrschaft der etruskischen Dynastie der Tarquinier in Zusammenhang gebracht werden. Wir wissen, dass der Ritus der Stadtgründung bereits bei den Etruskern durchgeführt wurde, und Cato beschreibt den Vorgang wie folgt (Origines 1,18 = Isidor, Etymologiae 15,2,3): »Wer eine neue Stadt gründen will, pflügt mit einem Stier und einer Kuh. Dort, wo er gepflügt haben wird, errichtet er eine Mauer: wo er wünscht, dass sich ein Tor befinde, hebt er den Pflug an und trägt (*portare*) ihn und nennt es Pforte (*porta*)« (vgl. Servius, Aeneis 5, 755). Hierbei ist allerdings zwischen *murus – moenia* = Stadtmauer und *pomerium* = Sakralbereich zu unterscheiden: »Pomerium ist der Raum innerhalb eines bestimmten ›Ackergebietes‹ längs des Umkreises der ganzen Stadt innerhalb der Mauern, eingegrenzt von bestimmten Gebieten, die die Grenze für die städtischen Auspicien bilden« sagt Gellius (Noctes Atticae 13,14,1–3). Die erste Mauer errichtete natürlich der Stadtgründer Romulus selbst: »Romulus hat zunächst den Palatin, auf dem er selbst aufgewachsen war, befestigt« (Livius 1,7,3), eine Stadtmauer, die, wie Plinius (Naturalis historia 3,66–67) ergänzt, »drei oder nach Ansicht der meisten vier Tore gehabt

Abb. 13
Forma Urbis: Eines der zahlreichen Fragmente des Stadtplans aus der Severerzeit.

Abb. 14
Cicero.

haben soll«, nämlich die Porta Mugonia an der Via Sacra, die Porta Romanula am Velabrum und bei der Scala Caci am Forum Boarium. Und er ergänzt: »Wer aber die Herrschaft des römischen Volkes um ein von Feinden erobertes Gebiet erweiterte, hatte das Recht, das *pomerium* weiter hinaus zu verlegen.« Das ›romuleische Pomerium‹ lokalisiert Tacitus (Annales 12,24): »Ich halte ich es nicht für unnötig, die ursprüngliche Stadtgrenze (*pomerium*), die Romulus festsetzte, hier darzustellen. Also am Rindermarkt (Forum Boarium), wo wir das eherne Standbild eines Stiers sehen, weil diese Tierart zum Pflügen verwendet wird, begann die Furche, die das Stadtgebiet umzog, sodass die den Großen Herkulesaltar mit einschloss. Von dort entlang dem Fuß des Palatin, wobei in bestimmten Abständen Grenzsteine errichtet wurden, bis zum Altar des Consus, hernach zu den Alten Curien, zum Larenheiligtum und zum Forum Romanum; Forum und Kapitol sind, wie man glaubt, nicht durch Romulus, sondern erst von Titus Tatius der Stadt eingefügt worden. Später wurde das Pomerium nach (fortschreitendem Kriegs-)Glück erweitert.« Dies ist zugleich die Grenze der Anlage, die wir als ›Roma quadrata‹ kennen, den innersten, anfänglichen Bereich der Stadt, die ›Romulusstadt‹. Aber dieses Gebiet blieb auch später ideologisch bedeutsam: Mit Augustus, der den ihm zunächst angetragenen Namen »Romulus« ablehnte, weil er auf das Königtum verwies, begann auf dem Palatin die kaiserliche Bautätigkeit, die nach und nach das gesamte romuleische Pomerium bedeckte und damit Privatbauten ausschloss.

Die vielen Kriegszüge Roms führten natürlich zu einer Ausdehnung der Stadt: »Inzwischen wuchs Rom auf den Trümmern Albas: Die Bevölkerungszahl verdoppelte sich. Der Caelius wurde der Stadt eingefügt, und, um ihn als Siedlungsgebiet beliebter zu machen, wählte Tullus (Hostilius) ihn zum Königssitz und wohnte dort anschließend« (Livius 1,30,1). Auch Ancus Marcius nahm, »als er die Latiner im Krieg besiegt hatte, [...] diese in die Stadt auf und fügte Aventin und Caelius der Stadt hinzu« (Cicero, De re publica 2,33). Aber erst spätere Machthaber gingen dazu über, das Pomerium zu erweitern.

Abb. 15
Ein Priester mit Ochsengespann bei der rituellen Festlegung des Pomeriums auf einer Münzprägung Caligulas.

So schreibt Tacitus (Annales 12,23): »Claudius erweiterte das *pomerium* [...] auf althergebrachte Weise, dass diejenigen, die die Grenzen des Reiches durch Unterwerfung (fremder) Völkerschaften erweiterten, auch die Grenzen der Stadt vorschieben durften, was frühere nicht wahrnahmen außer Sulla und dem vergöttlichten Augustus.« Die neue Pomeriumsgrenze wurde durch entsprechende Grenzsteine markiert. Damit wird deutlich, dass die Erweiterung der Stadtmauer nicht gleichzusetzen ist mit der Erweiterung des Pomeriums, also des sakralen, durch Augurium (Götterbefragung) bestimmten Bezirks, innerhalb dessen Bestattungen nicht erlaubt waren und fremde Kulte keine »Heimstatt« haben sollten, den das Militär nicht betreten durfte. Das Pomerium bildete die Grenze zwischen *domi* und *militiae*. Die von Livius den frühen Königen zugeschriebenen Mauerbauten bis hin zu dem König Servius Tullius zugeschriebenen Wallgrabensystem (*agger Servii Tullii*) – die berühmte ›Servianische Mauer‹ – sind also von der Erweiterung des Pomerium zu trennen.

Nachdem Rom seine Feinde – Kelten, Karthager, Samniten usw. – weitgehend unterworfen hatte, wurden die ›servianischen Mauern‹ zwar weiter restauriert, jedoch eher als museales Relikt denn als wirklicher Schutz. Die Probleme verlagerten sich trotz der die Stadt bedrohenden Bürgerkriege eher in die Stadt: Unkontrolliertes Anwachsen durch Zuzug und schnell hochgezogene Renditebauten von Bauspekulanten schufen erhebliche verwaltungstechnische Probleme. Zwar gab es in Rom untere Behörden, so ein Viermännerkollegium zur Straßenreinigung (*quattuorviri viis in Urbe purgandis*) und eine »Feuerwache« (*tresviri incendiis arcendis*), doch waren sie wenig effektiv, so dass sich Leute wie Crassus eine eigene Feuerwehr von 500 Mann hielten – nicht zuletzt aus Spekulationsgründen: Sie kauften das brennende Objekt und löschten erst dann (Putarch, Crassus 2,4). Natürlich hatte Caesar, wie wir der berühmten Lex Julia Municipalis entnehmen können (CIL I^2 593), sich auch diesen Problemen zugewandt, aber erst der jahrzehntelangen Herrschaft des Augustus war es zu verdanken, dass Rom eine innerstädtische Organisation erhielt, die sich auf die Sicherheit der Straßen, der Bevölkerung und der Tiberufer erstreckte. Zunächst ordnete Augustus die Stadt und die Selbstverwaltung der Stadtviertel: »Augustus teilte den städtischen Raum in Regionen und Quartiere und verfügte, dass diese durch jährlich durch Los bestimmte Magistrate kontrolliert würden und diese Magistrate aus der Bevölkerung des jeweiligen Nachbarschaftsquartiers zu wählen seien« (Sueton, Augustus 30,1). Er schuf neue Ämter und Amtsbereiche, so die Aufsicht über öffentliche Gebäude (*cura operum publicorum*), über Straßen (*cura viarum*) und Straßenreinigung (*viis purgandis*), über Wasserversorgung (*cura aquarum*) und über Tiberdämme (*alvei Tiberis*), die er verbreitern und von Trümmern und Bauschutt freiräumen ließ (37,1). Zudem ließ er »gegen Brände nächtliche Außenposten und Wachen einrichten« (30,1). Und so schreibt Sueton: »Er machte (die Stadt) auch für die Zukunft sicher, soweit dies der menschliche Verstand voraussehen konnte« (28,3): Rom litt von Anfang an unter Überschwemmungen und verheerenden Bränden.

Abb. 16
Servianische Mauer.

KATASTROPHEN

Cato der Ältere (»Censorius«) verweist im Zusammenhang mit den ›Annales Maximi‹, den Jahrbüchern der römischen *pontifices*, darauf, wie langweilig diese eigentlich seien: »Es gefällt mir nicht zu schreiben, was beim Pontifex Maximus auf der Tafel verzeichnet ist: wie oft das Getreide teuer war, wie oft dem Mond- oder Sonnenlicht eine Finsternis oder sonst etwas entgegenstand« (Origines, Fragment 77). Aber derartige Dinge sind natürlich von erheblicher Bedeutung, wenn man nach Überschwemmungen des Tibers, nach Erdbeben und anderen Katastrophen fragt, unter denen die Bewohner Roms zu leiden hatten.

Die Stadt lag, soweit nicht auf den Hügeln errichtet, zum Teil auf Sumpfgebiet, und erst Tarquinius Priscus ließ das Forum Romanum trockenlegen, ein Werk, das dann Tarquinius Superbus durch die Anlage der unterirdisch verlaufenden Cloaca Maxima, das »Sammelbecken aller Abwässer der Stadt« (*receptaculum omnium purgamentorum urbis*, Livius 1,56,1–2), vollendete. Wir wissen, dass vor allem die Etrusker hervorragende Wasserbaumeister waren, und so ist anzunehmen, dass deren Ingenieure von der etruskischen Dynastie der Tarquinier damit beauftragt wurden. Aber große Regenfälle und Hochwasser des Tibers setzten immer wieder die Stadt unter Wasser. So soll hier, um einen ungefähren Eindruck zu vermitteln, eine knappe Liste der schlimmsten Überschwemmungen geboten werden:

Im Jahr 400 v. Chr. herrschte laut Livius (5,13,1) ein derart strenger und schneereicher Winter, dass die Straßen geschlossen wurden und der Tiber unbefahrbar (*innavigabilis*) war.

Wegen einer Überschwemmung sollten im Jahr 202 v. Chr. die *ludi Apollinares* vom Circus auf dem Marsfeld zum Tempel der Venus Erycina verlegt werden, doch ein plötzlicher Schönwettereinbruch ließ den Festzug, der sich bereits in Richtung Porta Collina bewegte, umkehren (Livius 30,38,10–12).

Im Jahr 193 v. Chr. überschwemmte ein Tiberhochwasser die niedrig gelegenen Teile der Stadt und brachte bei der Porta Flumentana sogar Häuser zum Einsturz (Livius 35,9,2); bereits im nächsten Jahr 192 v. Chr. riss der Tiber zwei Brücken mit sich und brachte erneut viele Häuser an der Porta Flumentana zum Einsturz (Livius 35,21,5). Wenig später,

Abb. 17
Die sogenannte »Bocca della verità« (heute in S. Maria in Cosmedin), vermutlich ein Deckel der antiken Cloaca Maxima.

im Jahr 189 v. Chr., setzte der Tiber das gesamte Marsfeld und die niedrig gelegenen Stadtteile zwölf Tage lang unter Wasser (Livius 38,28,4).

Im Jahr 27 v. Chr. machte eine Überschwemmung die tibernahe Uferstadt mit Booten befahrbar, der Vestatempel wurde beschädigt; 23 v. Chr. riss eine Überschwemmung den Pons Sublicius weg, die Unterstadt war drei Tage lang schiffbar. Die Brücke wurde zwar wieder aufgebaut, aber beim Hochwasser von 69 n. Chr. erneut vernichtet (Dio 53.33,5).

Balbus konnte im Jahr 13 v. Chr. sein eigenes Theater zur Eröffnung nur mit dem Boot erreichen (Dio 54,25,2). 15 n. Chr. trat der Tiber mehrere Tage über die Ufer und riss Häuser und Menschen mit sich, so dass Asinius Gallus daran dachte, deswegen die Sibyllinischen Bücher zu befragen, was Tiberius aber verbot (Tacitus, Annales 1,76).

Im Jahr 69 überflutete das Hochwasser weite Teile der Stadt und unterspülte die Fundamente zahlreicher Häuser. Das Gleiche geschah unter Marc Aurel, wobei eine große Hungersnot ausbrach (Historia Augusta, Marcus 8,4).

Im Jahr 371 schließlich bedeckte ein Tiberhochwasser die Stadt derart, dass lediglich die Hügel herausragten und die Menschen nur noch durch Boote versorgt werden konnten (Ammian 29,6,17f.).

Am verheerendsten aber waren die immer wieder ausbrechenden Feuersbrünste, die Wohnquartiere, Tempel und öffentliche Bauten wie Thermen und Theater zerstörten oder zumindest in Mitleidenschaft zogen. Dies führte natürlich dazu, dass immer neue Brandschutzmaßnahmen verkündet wurden: So erließ etwa Nero die Anordnung, dass alle Häuser eine Brandmauer besitzen und das Untergeschoss aus Stein errichtet werden sollten (Tacitus, Annales 15,43.3). Cicero verweist auf das Zwölf-Tafel-Gesetz, das wegen bestehender Brandgefahr die Errichtung von Scheiterhaufen in der Stadt verbot: »›Einen Toten […] soll man in der Stadt weder bestatten noch verbrennen.‹ Ich glaube, allein schon wegen der Feuersgefahr« (De legibus 2,58).

Doch obwohl das Hantieren mit offenem Feuer innerhalb der Stadt verboten war und entsprechende Gewerke sich außerhalb der engeren Stadt ansiedeln sollten, konnten doch viele innerstädtische Betriebe und Tempel, private wie öffentliche Einrichtungen nicht auf Feuer verzichten. Zudem waren viele Bauten Holzkonstruktionen, die Gassen eng, so dass ein Feuer schnell um sich greifen konnte. Vor allem nach dem berüchtigten Gallierbrand von 390 v. Chr. war die Stadt in Eile und teils regellos wieder errichtet worden, ein Bau- und Straßengewirr, das nicht nur den Aspekt der republikanischen Stadt prägte: Manche »Altstadtviertel« blieben auch noch in der Kaiserzeit eng, unüberschaubar und damit feuergefährdet. Zudem musste man mit (gezielter) Brandstiftung rechnen. So soll hier eine kleine Liste der vernichtendsten Brände geboten werden:

Für das Jahr 508 v. Chr. verzeichnet Livius einen großen Brand, verursacht durch die Belagerung des Etruskerkönigs Porsenna (2,10,1ff.). Im Jahr 213 v. Chr., während des Zweiten Punischen Krieges, brach in Rom ein Feuer aus, das zwei Nächte und einen Tag wütete: »Alles zwischen Salinae und der Porta Carmentalia wurde dem Erdboden gleichgemacht, zusammen mit den Stadtvierteln Aequimalis und Jugarius, dem Tempel der Fortuna und der Mater Matuta. Außerhalb des Tores aber hatte das Feuer weit um sich gegriffen und viele geweihte und profane Bauten vernichtet« (Livius 24,47,15). Für das Jahr 241 v. Chr. berichtet Valerius Maximus (1,4,5), dass des Nachts der Vestatempel brannte: Der damalige *pontifex maximus* Caecilius Metellus stürzte sich in das Feuer und rettete das »Palladium«, das Wahrzeichen Roms.

Im Jahr 148 v. Chr. vernichtete ein Feuer die Regia, den Amtssitz des *pontifex maximus*, verschonte jedoch die beiden davorstehenden Lorbeerbäume (Julius Obsequens 19).

Im Jahr 31 v. Chr. zerstörte ein Feuer den Circus Maximus, die Tempel der Ceres, der Spes und viele Wohnhäuser. Man glaubte, der Brand sei einer Verschwörung von Freigelassenen zu verdanken (Dio 50,10,3ff.). 16 v. Chr. brannten erneut der Circus Maximus und der Tempel der Iuventus, 14 v. Chr. das Forum, die Basilika Aemilia bis zum Tempel der Vesta, der Tempel des Castor und die Basilica Julia.

Abb. 18
Querschnitt eines mehrstöckigen Mietshauses in Rom (Aquarell von Peter Connolly).

Im Jahr 12 v. Chr. brach ein Feuer auf dem Palatin aus, vernichtete dabei die Hütte des Romulus und Teile des Forums (Dio 54,29,8); 9 v. Chr. brannte der Tempel des Jupiter Capitolinus. Der Brand von 3 n. Chr. auf dem Palatin betraf vor allem die Domus Augusti; 16 n. Chr. brach ein Feuer auf der Via Sacra aus und beschädigte den Tempel der Vesta. Im Jahr 21 n. Chr. ließ Tiberius das von Feuer vernichtete Proscenium des Pompejustheaters in alter Pracht wieder herstellen (Velleius 2,130,1; Tacitus, Annales 3,72), im Jahr 27 brannte es auf dem Caelius. Tacitus sagt, dass die Feuersbrunst *ultra solitum* = ungewöhnlich heftig war und Tiberius so viel Geld zur Verfügung stellte, dass man gedachte, den Caelius in ›Augustus‹ umzubenennen (Annales 4,64).

Im Jahr 31 plünderten die Prätorianer und legten Brände, weil man sie beschuldigt hatte, eher gegenüber Sejan als gegenüber Tiberius loyal gewesen zu sein (Dio 58,12,2). Im Jahr 36 brannten erneut Circus Maximus und Aventin, im Jahr 41 die Domus Gaiana (= Caligula) auf dem Palatin. Im Jahr 54, unter Claudius, brannten die Basilica Aemiliana, der Tempel der Felicitas auf dem Forum Boarium und der Tempel der Salus auf dem Quirinal. Der gewaltigste Brand aber brach am 19. Juli 64 aus: Ausgehend vom Circus Maximus griff das Feuer auf das Forum Boarium über, das Velabrum, den Palatin, die Via Sacra, das Marsfeld. Dieser Brand wird genauestens von Tacitus (Annales 15,38–45) und Sueton (Nero 38) beschrieben, wobei man die Christen der Brandstiftung beschuldigte. Später ließ Domitian Denksteine aufstellen an den Orten, wo der Brand schließlich erlosch, und dem Gott Vulcanus jeweils am 23. August ein Opfer darbringen (CIL VI 826).

Im Krieg zwischen Vitellianern und Flavianern (69/70) brannten das Capitol, der Tempel des Jupiter Capitolinus und das Archiv (*tabularium*, Tacitus, Historiae 3,71), 80 brach ein weiterer Brand aus unter Titus (Dio Cassius 66,24), und im Jahr 104 brannten die Domus Aurea Neros und der Palatin. Von einem Brand im Jahr 190 berichten Cassius Dio (72,24) und Herodian (1,14), unter Maximinus Thrax brannte das ganze Gebiet vom Forum bis zum Kolosseum. Unter Aurelian vernichtete ein Feuer die Gebäude an der Via Appia und die Thermen des Caracalla, 283 unter Carinus das Forum, die Kaiserforen, das Marsfeld, den Saturntempel, die Basilica Julia, Curia und Atrium, das Sekretariat des Senates, Chalcidicum, Graecostadium, Theater und Porticus des Pompejus (Chron. a. 334): Es war nach dem Neronischen Brand die schwerste Feuersbrunst in Rom. Unter Maxentius brannte es an der Via Sacra, im Tempel der Venus und Roma und 363 vernichtete ein Feuer Teile des Palatins, den Tempel des Apollo und die Bibliothek.

Abb. 19
So wird auch die Küche eines römischen Haushalts ausgesehen haben: Herd mit Kochgeschirr in Pompeji.

Rom steht auf vulkanischem Boden, dem Tuff, aus dem die sieben Hügel der Stadt bestehen, ein leicht zu bearbeitendes Baumaterial. Aber gerade der vulkanische Untergrund führte auch dazu, dass Rom immer wieder unter Erdbeben zu leiden hatte. Auch hier sollen nur die besonders schweren aufgelistet werden:

So brachte laut Livius ein Erdbeben im Jahr 362 v. Chr. Teile des Forums zum Einsturz (7,6,1–6), und im Jahr 174 v. Chr. waren die Ausläufer eines Erdbebens im Sabinerland noch in Rom spürbar (Livius 41,28,2). Im Jahr 15 n. Chr. zerstörte ein Erdbeben Teile der Servianischen Stadtmauer, die dann Tiberius wieder restaurieren ließ. Unter Claudius kam es im Jahr 51 zu lang anhaltenden Erdbeben, bei denen auch viele Menschen zu Schaden kamen. Im Consulatsjahr des Gallienus und Faustinianus (262) brachte ein Erdbeben mehrere Häuser zum Einsturz, wobei die Bewohner erschlagen wurden. Unter Valentinian I. schließlich kam es 371 zu einem großen Erd- und Seebeben, wobei eine Art Tsunami küstennahe Villen und kleinere Inseln zerstörte (Ammian 26,10,15–19).

DIE BAUTÄTIGKEIT DER KAISER

Es war also die Aufgabe des Senats und natürlich später der Kaiser, helfend einzugreifen, Geld zur Verfügung zu stellen, Steuernachlass zu gewähren, vor allem aber die für Rom bedeutsamen Bauten wieder aufzurichten. Die ausgedehnten Brände boten aber auch die Möglichkeit, anstelle von Privatbauten Tempel, Residenzen und öffentliche Gebäude zu errichten, und wir können feststellen, dass die Ziegeleien Hochkonjunktur hatten. Die Urgroßeltern und Großeltern der Kaiserin Lucilla etwa machten mit ihren Ziegeleien ein Vermögen!

Mit dem Kontakt zur griechisch-hellenistischen Welt trachteten die Römer, ihrer Stadt, der »Herrin der Welt«, auch bautechnisch den Aspekt einer »Hauptstadt« zu geben. Vor allem die durch Kriege reich und einflussreich gewordenen Persönlichkeiten strebten danach, durch repräsentative Bauten Selbstdarstellung zu betreiben: so etwa Sulla mit der Anlage der neuen Curia Cornelia und des Archivs (Tabellarium), Pompeius mit dem Theater und der angeschlossenen Säulenhalle, Crassus mit einem Palast, der der Tempelanlage von Praeneste glich, und natürlich Caesar, der ein ganzes Forum plante, das dann Augustus vollendete. Aber es bleibt doch auf eine Bemerkung Strabos zu verweisen, dass die Römer bei ihren Anlagen weniger auf Schönheit und Ästhetik achteten als die Hellenen: Sie behielten immer den Nutzen der Bauten im Auge. So beherbergten viele öffentliche repräsentative Bauten auch Geschäftszeilen (*tabernae*).

Abb. 20
Augustus-Forum.

Wie bereits angemerkt, gehörte es zu den Pflichten der Kaiser, zur Stadtverschönerung beizutragen, was natürlich eine gute Gelegenheit zur Selbstdarstellung und kaiserlichen Repräsentanz bot. So soll hier eine kurze und nicht vollständige Liste der Bautätigkeit einzelner Kaiser vorgelegt werden, und zwar nicht die vielfältigen Restaurierungen von Gebäuden, die durch Brand, Überschwemmung, Erdbeben oder Alter dem Verfall preisgegeben waren – *vetustate collapsa* = »aus Altersgründen verfallen« steht auf manchen Inschriften –, sondern in erster Linie solche Bauten, die die Kaiser neu errichtet oder so verändert haben, dass sie als Neubauten gewertet werden können. Auf die umfassende Tätigkeit des Augustus wurde bereits oben verwiesen (Res gestae 4,19), und die seines Freundes und Schwiegersohns M. Vipsanius Agrippa wird im zweiten Teil, dem »Stadtrundgang«, beschrieben.

Tiberius: Arcus Drusi, Praetorianerlager; Arcus Tiberii auf dem Forum; Siegesbogen des Germanicus auf dem Capitol; Siegesbogen des Germanicus d. J. und Drusus d. J. auf dem Forum Augusti; die Domus Tiberiana und Bibliothek auf dem Palatin.

Caligula: Domus Gaiana auf dem Palatin.

Claudius: Aqua Claudia, Anio Novus, Arcus Claudii an der Via Nova; erwähnt werden muss der Hafen in Ostia.

Nero: Arcus Neroniani Caelimontani; Macellum Magnum (Markthalle); die Domus Transitoria (vor 64), die Domus Aurea (64–68), der Colossus Neronis, Arcus Triumphalis auf dem Capitol wegen des Parthersieges des Domitius Corbulo; Thermen des Nero.

Vespasian: Horrea Vespasiana; Amphitheatrum Flavium = Kolosseum; Tempel der Pax; Bibliothek; Forum; Tempel des Jupiter Conservator auf dem Kapitol.

Titus: Palast (*domus*) des Titus; Thermen; Tempel des vergöttlichten Vespasian; Bogen des Vespasian und Titus beim Circus Maximus (Jahr 81).

Domitian: Altäre zur Erinnerung an den großen Neronischen Brand; Gladiatorenschule (*ludus*) Matutinus, Ludus Gallicus; Bogen des Titus; Meta Sudans; Horrea piperataria (Gewürzspeicher); Forum Transitorium; Tempel der Minerva; Tempel des Janus Quadrifons; Tempel der Gens Flavia (81/2); Tempel der vergöttlichten Kaiser Vespasian und Titus; Tempel des Jupiter Custos; Reiterstandbild des Domitian (91); Odeon; Domus Flavia; Domus Augustana; Stadion; Naumachia.

Trajan: Neuer Tiberhafen; Hafenanlage in Ostia; Aqua Traiana; Thermen des Trajan; Forum Traiani; Trajansmärkte; Trajanssäule, Trajansbögen am Forum Traiani und an der Via Appia; Basilica der Marcia und Matidia; Thermen des Sura.

Hadrian: Pons Aelius (134); Tempel der Venus und Roma (132–135); Triumphbogen an der Via Flaminia; Templum divi Traiani; Athenaeum; Pantheon; Mausoleum.

Antoninus Pius: Tempel der Faustina (und des Antoninus); Tempel des Divus Hadrianus.

Marc Aurel: Bogen des Lucius Verus; Tempel der Wohltat; Siegessäule des Antoninus Pius; Ustrinum der Antonine; Siegessäule des Marc Aurel.

Commodus: Thermen des Commodus; Tempel des vergöttlichten Marc Aurel.

Septimius Severus: Marmorplan der Stadt; Aqua Severiana; Thermen; Kaserne der *equites singulares*; Amphitheatrum Castrense; Bogen des Severus (203); Domus Severiana; Septizodium.

Caracalla: Aqua Antoniniana; Pons Aurelius; Caracallathermen.

Elagabal: Tempel des Helios.

Severus Alexander: Aqua Alexandrina; Tempel des Jupiter Redux in den Castra Peregrina; Thermae Alexandrinae.

Philippus Arabs: Naumachia.

Decius: Thermen.

Gallienus: (262) Gallienusbogen; Nymphäum im Garten der Licinier.

Claudius II. Gothicus: Siegessäule.

Aurelian: Stadtmauer; Tempel des Sol-Helios; Aureliansthermen; privates Hippodrom.

Probus: Tiberbrücke (Pons Probi).

Diokletian/Maximian: Aqua Jovia; Diokletiansthermen; Bogen des Diokletian.

Maxentius: Circus des Maxentius; Basilica des Maxentius; Tempel des Romulus.

Konstantin der Große: Arcus Constantini; Thermen der Helena; Thermen des Konstantin (= Maxentius); Umbilicus Urbis; Arcus des Janus Quadrifons; Lateranbasilica (= Konstantinsbasilika).

Es zeigt sich, dass während der sogenannten Reichskrise des dritten Jahrhunderts die kaiserliche Bautätigkeit abnahm, da die Verteidigungskriege Unmengen an Geld verschlangen. Zudem mussten Carinus und seine Nachfolger große Geldmengen für den Wiederaufbau Roms nach dem Brand von 283 aufwenden.

Augustus rühmte sich, die Tempel wieder aufgerichtet und Kulte neu belebt zu haben. Daher soll hier wenigstens ein Hinweis auf das Werk des Vitruv ›De architectura libri decem‹ angefügt werden. »Von allen Künsten ist die Architektur diejenige, in der der römische Anspruch auf Originalität am stärksten hervortritt«, schreibt John Bryan Ward-Perkins (Einleitung), und so lässt sich auch die Entwicklung und Umformung etruskischer und griechisch-hellenistischer Einflüsse an der erhaltenen Bausubstanz, vor allem an den Tempeln, verfolgen. Vitruv betont, dass ein guter Tempel sich die Symmetrie der menschlichen Grundmaße (*modulus*) zu eigen machen müsse, um ebenmäßige Proportionen zu erreichen. So beschreibt er im Kapitel II die verschiedenen Tempelformen, wobei er jeweils ein in Rom befindliches Beispiel anführt. Ein Tempel müsse auf einem Podium stehen, damit darin verehrte Götter einen möglichst großen Teil der Stadtbefestigung (*moenia*) beachten, zumindest aber so, dass Vorübergehende bei deren Anblick ihnen die Ehrerbietung (*salutatio*) erweisen können. Ferner soll das Podium so groß sein, dass die Säulen(basen) nicht darüber hinausragen. Natürlich wendet er sich dann den verschiedenen Säulenarten zu, der dorischen, jonischen und korinthischen, wobei er der jeweiligen Natur des zu verehrenden Gottes entsprechend eine Säulenform empfiehlt, um das rechte Dekor, ein »fehlerfreies Aussehen« (*emendatus aspectus*) zu erreichen (1,2,5). So sollen »dem Jupiter Fulgor, dem Himmel (Caelum), der Sonne (Sol) und dem Mond (Luna) Gebäude unter freiem Himmel ohne Dach (*hypaethros*) errichtet werden, denn die Erscheinung und das Wirken dieser Götter sehen wir als im offenen und lichtdurchfluteten Weltall gegenwärtig. Der Minerva, dem Mars und dem Herkules werden dorische Tempel errichtet, denn es geziemt sich, diesen Göttern wegen ihrer tüchtigen Eigenschaften Tempel ohne Schmuck zu bauen. Venus, Flora, Proserpina und den Quellnymphen werden gemäß ihren Eigenschaften Tempel in korinthischem Stil errichtet, weil bei diesen Göttern wegen ihres zarten Wesens Bauwerke mit Blumen, Blättern und Voluten geschmückt das Richtige sind und ein leichtes Dekor diesen Aspekt vermehrt zum Ausdruck zu bringen scheint. Wenn für Juno, Diana, Liber Pater (Bacchus) und die übrigen Götter, die ganz ähnlich sind, Tempel in jonischem Stil errichtet werden, wird man so ihrer geringeren Bedeutung gerecht werden, weil dieser die Herbheit des dorischen Stils wie die Zierlichkeit des korinthischen Stils mildert.« Je nach Größe des Tempels muss natürlich das Podium aus gestampfter Erde beziehungsweise Bruchmaterial oder Quadern so stabil sein, dass es das Gewicht der Aufbauten tragen kann, das Podium selbst aber den Göttern würdig verkleidet. Auf das Podium sollen möglichst von der Frontseite her Stufen führen, und zwar so, dass, wenn man mit dem rechten Fuß aufsteigt, mit dem rechten auch das Podium betritt. Um ein angemessenes Schreiten zu erreichen, sollen die Stufen höchstens $^5/_6$ Fuß hoch sein und ca. 1 bis 2 Fuß Tiefe haben. Die Säulen aber sollen nicht nur symmetrisch aufgestellt werden, sondern zudem einen idealen Abstand voneinander haben gemessen am Säulendurchmesser. So tadelt Vitruv eine zu dichte Säulenstellung, »denn, wenn verheiratete Frauen (*matres familiarum*) zum Opfergebet die Stufen emporsteigen, so können sie nicht untergehakt den Säulenzwischenraum durchschreiten, sondern sie müssen eine Schlange bilden« (3,3,3). Tempel sollen zudem

Abb. 21
Rekonstruktion des Jupiter-Tempels auf dem Kapitol.

so ausgerichtet sein, dass Cella, Altar und das darauf stehende Götterbild (*simulacrum*) nach Westen blicken, der Betende und Opfernde also nach Osten schaut, »da es notwenig erscheint, dass alle Altäre der Götter nach Osten gerichtet sein müssen« (*quod aras omnes deorum necesse esse videatur ad orientem spectare*, Vitruv 4,5), gemessen an der Vorstellung *ex oriente lux*. Wenn diese Möglichkeit wegen eines Straßen- oder Flussverlaufs nicht gegeben ist, so soll er wenigstens den Vorübergehenden einen würdigen Anblick bieten. Obwohl die Etrusker Tempel mit drei Cellae kannten und diese Form für den kapitolinischen Tempel für Jupiter, Juno und Minerva übernommen wurde, legten die Priester (*pontifices*) Wert darauf, dass jede Gottheit eine eigene Cella erhielt: Als M. Caecilius Metellus während seines fünften Consulats (208 v. Chr.) einen Tempel für Honos und Virtus, die Kardinaltugenden der Römer, mit einer einzigen Cella errichten wollte, wurde er daran gehindert, da man bei einem Vorzeichen ja nicht wissen könne, welche Gottheit sich hier geäußert habe (Valerius Maximus 1,1,8).

Augustus selbst hat sich beim Wiederaufbau zerstörter oder vom Verfall bedrohter Tempel von den Gesichtspunkten, die auch Vitruv nennt, leiten lassen, indem er vor allem die altehrwürdigen Tempel im dorischen oder vielmehr tuskanischen Stil erneuern ließ. Vitruv gibt für diese Bauform eine detaillierte Anweisung (4,7), wobei vielleicht zwei

Abb. 22
Largo argentina: die ältesten republikanischen Tempel Roms.

Besonderheiten hervorzuheben sind, die ihn vom dorischen Stil unterscheiden: Die kannelierten Säulen stehen auf einer runden Basis (Plinthe), über ihnen liegen Holzbalken, auf denen ein Giebelfeld (Tympanon) aus Holz oder Mauerwerk ruht; die Giebel sind mit Statuen aus Ton oder vergoldeter Bronze geschmückt. Zudem soll der Traufenvorsprung einem Drittel des fertigen Daches entsprechen. Vitruv nennt eine derartige Konstruktion gedrückt, niedrig und breit und gibt als typische Beispiele den Tempel des Iuppiter Capitolinus, den Cerestempel beim Circus Maximus und den von Pompejus geweihten Tempel des Hercules. Typisch römisch aber ist die dekorative Gliederung einer Wand durch (Rund-) Pfeiler.

Die von Vitruv angesprochene Säulenordnung wurde auch für andere öffentliche Anlagen gültig, und so ist erkennbar, dass etwa das von Vespasian erbaute Kolosseum im Erdgeschoß die tuskanische, im ersten Obergeschoß die jonische und im zweiten die korinthische Ordnung zeigt.

Die Römer legten, wie gesagt, Wert darauf, dass die Heiligtümer der alten, Rom bewahrenden Götter innerhalb des Pomeriums lagen, fremde Kulte hingegen außerhalb angesiedelt wurden. Aber bereits in der mittleren und ausgehenden Republik wurde dies nicht mehr so eng gesehen, und vor allem in der Kaiserzeit, als die Herrscher ihren persönlichen Kult zum »Reichskult« erhoben, drangen auch andere Kulte in Rom vor. Dies trifft vor allem auf den Mithraskult zu, eine persische Religion, die über das Militär in den Westen »transportiert« wurde. So entstanden überall im Reich und in Rom größere und kleinere meist unterirdische Mithräen, wo die Gemeinde (*cultores Mithraicae*) sich versammelte, ihre Opfer- und Initiationsriten vornahm. In Rom finden sich daher viele Anlagen in privaten Häusern, aber auch in Militärstationen, da sich die Mitglieder als »Mithraskämpfer« (*militia Mithraica*) sahen. Den Höhepunkt des Mithraskultes stellte dann aber die große Anlage in Carnuntum dar, die Kaiser Diokletian und seine Mitregenten dem *Sol Invictus Mithraicus, fautor imperii sui* weihten (CIL III 4413).

DIE VIERZEHN REGIONEN ROMS

Augustus hat, wie bereits vermerkt, die Stadt in vierzehn Regionen als kleinere (Selbst-)Verwaltungseinheiten eingeteilt, wobei er teilweise zwischen innerstädtischen und außerstädtischen Regionen unterschied, das heißt solchen, die innerhalb oder außerhalb des Pomeriums liegen. So lag die Regio I (Porta Capena) außerhalb, die Regio II (Caelimontium), III (Isis et Serapis), IV (Templum Pacis) innerhalb, V (Esquilina) außerhalb, VI (Alta Semita) innerhalb, VII (Via Lata) außerhalb, VIII (Forum Romanum beziehungsweise Magnum) innerhalb, IX (Circus Flaminius) außerhalb, X (Palatin) und XI (Circus Maximus) innerhalb, XII (Piscina Publica) und XIII (Aventinus) außerhalb, XIV (Trans Tiberim) außerhalb. Unter Augustus verwendete man lediglich die Ziffern, während in konstantinischer Zeit die Charakterisierungen – wenn auch inoffiziell – beigefügt wurden. Die moderne Forschung hat sich große Mühe gegeben, die jeweiligen Grenzen der Regionen zu erkunden, um die Größe, bebaute Fläche und die Zahl der Bewohner – ca. eine Million gesamte Einwohnerschaft zur Zeit des Augustus – zu berechnen. Dabei ist festzuhalten, dass die Regionen nicht die gleichen Flächenmaße oder gar Einwohnerzahl aufwiesen. So waren die alten inner-

Abb. 23
Roma Urbs – die 14 Regionen Roms.

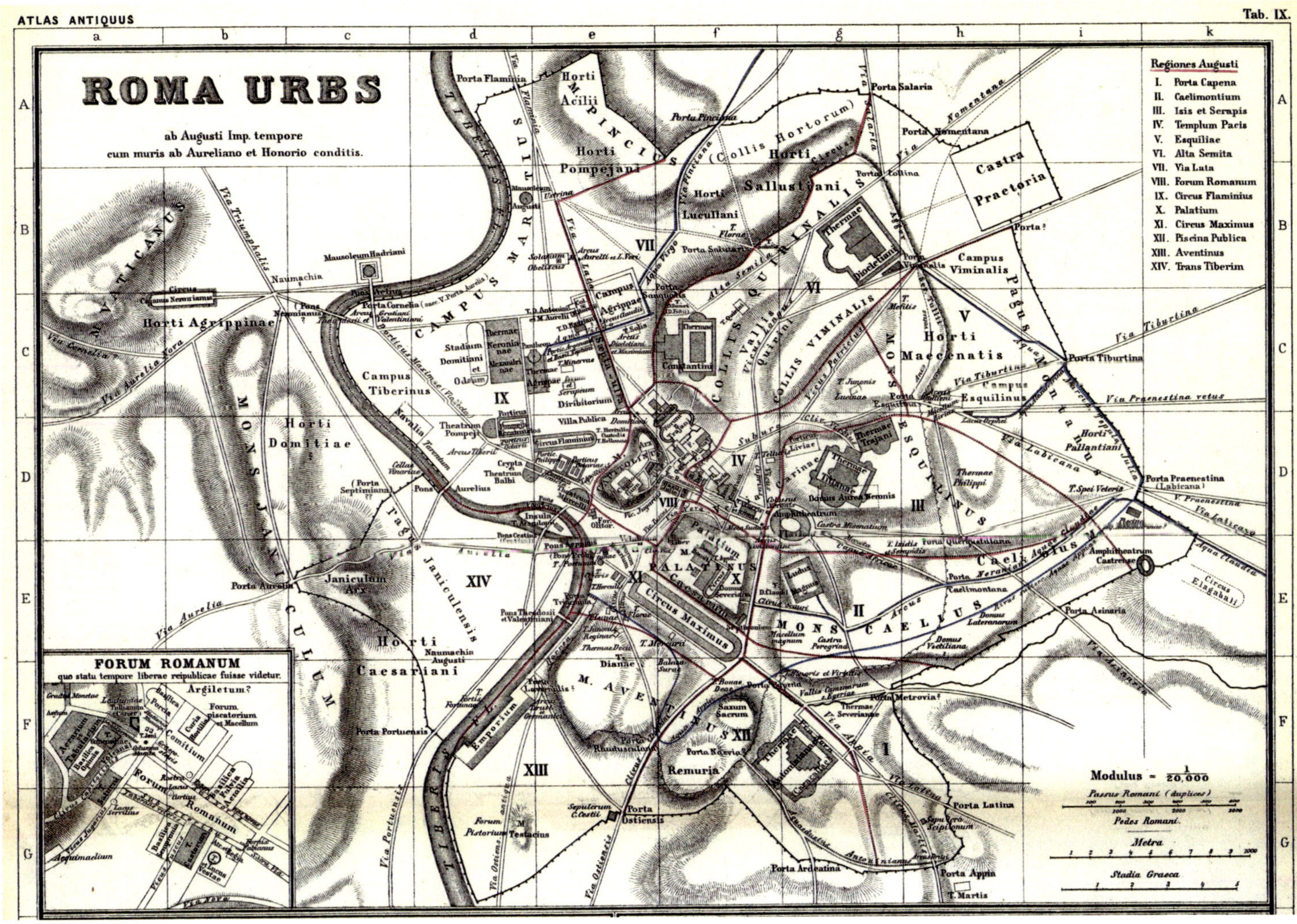

städtischen Regionen II, III, IV, VIII, X, XI, XII wesentlich kleiner als die außerstädtischen, d. h., dass hier Augustus eine alte republikanische Ordnung, die sich teilweise an einer ›servianischen‹ orientierte beziehungsweise an der sogenannten ›Roma Quadrata‹, beibehielt. Gleichzeitig wurde um der inneren Ordnung willen die städtische »Polizei« der Vigiles eingerichtet, wobei eine Truppe für jeweils zwei Regionen zuständig war.

Wir besitzen neben der Gesamtübersicht über die Stadt Rom bei dem spätantiken Verwaltungsmann Polemius Silvius (Chronica Minora I S. 545f.) noch eine sogenannte »Notitia de regionibus, Curiosum Urbis Romae«, die, in zwei Listen überliefert, eine ziemlich genaue Gliederung und Statistik der einzelnen Regionen bietet und damit Grundlage moderner Berechnungen und Stadtpläne wurde. Neben der Liste der Sehenswürdigkeiten werden die Anzahl der kleineren Verwaltungseinheiten (*vici*), der Gemeindevorsteher (*vicomagistri*), der Aufsichtsbeamten (*curatores*), Mietshäuser (*insulae*) und Privathäuser (*domus*) verzeichnet, auch wenn die exakten Regio-Grenzen kaum bestimmbar sind.

Regio I: Porta Capena

Umfasst: Tempel des Honos und der Virtus – die Camenae – den Brunnen des Prometheus – das Bad des Torquatus (und des Vespasian) – die Thermen des Severus und des Commodus – den Platz (*area*) des Apollo, der Splen (?) und der Calles – Vicus Vitrarius (Glaserstraße) – Platz der Tuchhändler (*area pannaria*) – Haltestelle (*mutatorium*) Caesars – Bäder des Abascantus, des Antiochianus, Bolanus und des Mamertinus – Platz für Reisewagen (*carruchae*) – Tempel des Mars und der Tempestates (Wettergötter) – Fluss Almo – Bogen der vergöttlichten Kaiser Verus, Trajan und des Drusus.

Stadtquartiere: 10 – Larenheiligtümer: 10 – Straßenwarte (*vicomagistri*): 48 – *curatores*: 2 – *insulae*: 3250 – Privathäuser: 120 – Speicher: 16 – Bäder: 86 – Brunnen: 81 (87) – Bäckereien: 20.

Regio II: Caelimontium

Umfasst: Tempel des Claudius – Macellum magnum (Großmarkt) – Bordelle – Atrium des Cyclopen – Standort der *cohors V vigilum* – Caput Africae – Arbor sancta – Castra peregrina – Privathaus des Philippus – Victiliana – Ludus matutinus, Gallicus und Dacicus – Spoliarium – Saniarium (Gladiatorenlazarett) – Armentarium (Rüstkammer der Gladiatoren) – Mica aurea.

Stadtquartiere: 7 – Larenheiligtümer: 7 – Straßenwarte: 48 – *curatores*: 2 – *insulae*: 3600 – Privathäuser: 127 – Speicher: 27 – Bäder: 85 – Brunnen: 65 – Bäckereien: 15.

Regio III: Isis et Serapis

Umfasst: Münze (Moneta) – Amphitheatrum mit 87000 Sitzplätzen – Ludus magnus – Privathaus des Brittius Praesens – Summum Choragium (Requisitenkammer) – Brunnen der Hirten – Schola der Quaestoren und Caplatoren – Thermen des Titus und des Trajan – Porticus der Livia – Kaserne der Misenaten.

Stadtquartiere: 12 – Larenheiligtümer: 12 – Straßenwarte: 48 – *curatores*: 2 – *insulae*: 2757 – Privathäuser: 60 (160) – Speicher: 18 – Bäder: 80 – Brunnen: 65 – Bäckereien: 16.

Regio IV: Templum Pacis

Umfasst: Porticus absidata – Platz des Vulcanus – Aureum Bucinum (Tritonsbrunnen?) – Apollo Sandalarius – Tempel der Tellus – Horrea Chartaria (Papierspeicher) – Tigillum sororium (Tor zum »Schwesternbalken«) – Colossus mit 102,5 Fuß Höhe, besitzt auf dem Kopf sieben Strahlen, jeder davon 22 Fuß – Meta Sudans (Springbrunnen in Pyramidenform) – Tempel der Roma und der Venus – Tempel des Jupiter (Stator) – Via Sacra – Basilica Nova des Konstantin und Basilica des Paulus – Tempel der Faustina – Forum Transitorium – Subura – Bad der Dafne.

Stadtquartiere: 8 – Larenheiligtümer: 8 – Straßenwarte: 48 – *curatores*: 2 – *insulae*: 2757 – Privathäuser: 88 – Speicher: 18 – Bäder: 65 (75) – Brunnen: 71 (78) – Bäckereien: 15.

Regio V: Esquiliae

Umfasst: Orfeusbrunnen – Markt der Livia – Nymphäum des vergöttlichten Alexander (Severus) – Standort der *cohors II vigilum* – Gärten der Pallas – Hercules Sullanus – Amphitheatrum Castrense – Campus Viminalis Subager – Minerva Medica – Isis Patricia.

Stadtquartiere: 15 – Larenheiligtümer: 15 – Straßenwarte: 48 – *curatores*: 2 – *insulae*: 3850 – Privathäuser: 180 – Speicher: 22 – Bäder: 75 – Brunnen: 74 – Bäckereien: 15.

Regio VI: Alta Semita

Umfasst: Tempel der Salus und des Serapis – Tempel der Flora – Capitolium Antiquum – Thermen des Konstantin – Statue des Mamurius – Tempel des Gottes Quirinus – Malus Punicus (Granatapfelstraße) – Gärten des Sallust – Tempel der Gens Flavia – Thermen des Diokletian – castra praetoria (Praetorianerkaserne) – Standort der *cohors III vigilum* – zehn Tabernae – Gallinae Albae (Glücksstraße?) – area Candidi.

Stadtquartiere: 17 –Larenheiligtümer: 17 – Straßenwarte: 48 – *curatores*: 2 – *insulae*: 3403 – Privathäuser: 146 – Speicher: 18 – Bäder: 75 – Brunnen: 73 – Bäckereien: 16.

Regio VII: Via Lata

Umfasst: Brunnen des Ganymed – Standort der *cohors I vigilum* – Arcus Novus – Nymphäum des Jupiter – Heiligtum der Capra – Campus Agrippae – Tempel des Sol und Castra – Porticus des Vipsanius und des Konstantin – zwei neue Tempel für Spes und Fortuna – Pferde des Tiridates, König von Armenien – Forum Suarium (Schweinemarkt) – Gärten der Largiani – Mansueta – Lapis Pertusus.

Stadtquartiere: 15 – Larenheiligtümer: 15 – Straßenwarte: 48 – *curatores*: 2 – *insulae*: 3305 – Privathäuser: 120 – Speicher: 25 – Bäder: 75 – Brunnen: 76 – Bäckereien: 16 (15).

Regio VIII: Forum Romanum Magnum

Umfasst: Drei Rostren (Rednertribünen) – Genius des römischen Volkes in Gold – Pferdestandbild des Konstantin – Senat – Atrium Minervae – Forum Caesaris – Forum Augusti – Forum Nervae – Forum Traiani – Tempel des vergöttlichten Traian und Wendelsäule (*columna cochlis*), 127 Fuß hoch; sie besitzt im Inneren 180 Stufen und 45 Fenster – Standort der *cohors VI vigilum* – Basilica Argentaria – Tempel der Concordia und des Saturn, des Vespasian und Titus – Umbilicus (»Mittelpunkt«) von Rom – Capitol – Goldener Meilenstein – Vicus Jugarius und Unguentarius (Salbenhändlertraße) – Graecostadium – Basilica Julia – Tempel des Castor und der Minerva – Vesta – Speicher des Germanicus und des Agrippa – Aqua Cernens – zu den vier Fischen (scari) – Sub Aede – Atrium des Cacus – Porticus Margaritaria (der Perlenhändler) – Elefans herbarius.

Stadtquartiere: 34 – Larenheiligtümer: 34 – Straßenwarte: 48 – *curatores*: 2 – *insulae*: 3480 – Privathäuser: 130 – Speicher: 18 – Bäder: 86 (85) – Brunnen: 120 – Bäckereien: 20.

Regio IX: Circus Flaminius

Umfasst: Die sechs Ställe der vier (acht) Faktionen – Porticus des Philippus – die Porticus Minucia vetus und Frumentaria – Krypta (Grabmal) des Balbus – drei Theater, besonders des Balbus mit 510 Plätzen, des Pompeius mit 580 Plätzen und des Marcellus mit 500 Plätzen – das Odeon mit 600 Plätzen – das Stadion mit 88 000 Plätzen – Marsfeld – Trigarium – Ciconiae nixae (»bei den sich zuneigenden Störchen«) – Pantheon (Hadrianum) – Basilica des Neptun, der Matidia und der Marciana – Tempel des vergöttlichten Antoninus (Pius) und Wendelsäule (*columna cochlis*), 175 Fuß hoch mit 203 Stufen im Innern und 56 Fenstern – Thermen des Alexander und des Agrippa – Porticus der Argonauten und des Meleager – Tempel der Isis und des Serapis – Tempel der Minerva Calcidica – Tempel der vergöttlichten Kaiser (*templum Divorum*) – Insula Felicles.

Stadtquartiere: 35 – Larenheiligtümer: 35 – Straßenwarte: 48 – *curatores*: 2 – *insulae*: 777 – Privathäuser: 140 – Speicher: 25 – Bäder: 63 – Brunnen: 120 – Bäckereien: 20.

Regio X: Palatium

Umfasst: Casa Romuli (Hütte des Romulus) – Tempel der Göttermutter Kybele und des Apollo Ramnusius – Pentapylon – Domus Augustana et Tiberiana – Auguratorium – Area Palatina – Tempel des Jupiter Victor – Haus des Dio – Curia vetus – Fortuna respiciens – Septizonium des vergöttlichten Severus – Victoria Germaniciana – Lupercal.

Stadtquartiere: 20 – Larenheiligtümer: 20 – Straßenwarte: 48 – *curatores*: 2 – *insulae*: 1742 – Privathäuser: 89 – Speicher: 48 – Bäder: 44 – Brunnen: 90 (89) – Bäckereien: 20.

Regio XI: Circus Maximus

Umfasst: Tempel des Sol und der Luna sowie Tempel des Mercur – Tempel der Göttermutter und des Jupiter Arborator – Tempel der Ceres – Tempel des Dispater – Zwölf Tore – Porta Trigemina – Tempel des Apollo Caelispex – Tempel des Hercules Olivarius – Velabrum – Fortunium – Bogen des vergöttlichten Konstantin.

Stadtquartiere: 21 (19) – Larenheiligtümer: 21 (19) – *vicomagistri*: 48 – *curatores*: 2 – *insulae*: 1500 (1600) – Privathäuser: 88 (89) – Speicher: 16 – Bäder: 15 – Brunnen: 20 – Bäckereien: 16.

Regio XII: Piscina Publica

Umfasst: Area Radicaria – Via Nova – Tempel der Fortuna Mammosa – Tempel der Isis Athenodoria – Tempel der Bona Dea Subsaxanea – Clivus Delfini – Thermae Antoninianae (Caracalla) – Sieben Häuser der Parzen – Campus Lanatarius (Wollweberei) – Haus des Cilo – Standort der *cohors IV vigilum* – Haus der Cornificier – Privathaus des (H)Adrian.

Stadtquartiere: 17 – Larenheiligtümer: 17 – Straßenwarte: 48 – *curatores*: 2 – *insulae*: 1487 – Privathäuser: 113 – Speicher: 27 – Bäder: 63 – Brunnen: 80 (89) – Bäckereien: 25 (20).

Regio XIII: Aventinus

Umfasst: Armilustrium – Tempel der Diana und der Minerva – Drei Nymphäen – Thermen des Sura und des Decius – Dolocenum – Privathaus des Trajan – Mappa aurea Platanonis (am Platanenwäldchen) – Speicher des Galba und Anicia – Porticus Fabaria (der »Bohnenhändler«) – Treppe des Cassius – Forum Pistorum (Bäckermarkt).

Stadtquartiere: 18 (17) – Larenheiligtümer: 18 (15) – Straßenwarte: 18 – *curatores*: 2 – *insulae*: 1487 – Privathäuser: 130 – Speicher: 35 – Bäder: 44 (60) – Brunnen: 89 – Bäckereien: 20 (24).

Regio XIV: Trans Tiberim

Umfasst: Gaianum und Frigianum – fünf Naumachien und Ager Vaticanus – Gärten der Domitia – Janiculus – Mühlen – Bad des Ampelius, des Priscus und der Diana – Standort der *cohors VII vigilum* – Statua Valeriana – Caput Gorgonis – Hercules, mitten unter der Erde liegend, unter welchem viel Gold deponiert ist – Tempel der Fors Fortuna – Coraria Septimiana (Gerberei) – Campus Bruttianus und Codetanus – Gärten des Geta – Kaserne der Lecticarier.

Stadtquartiere: 78 – Larenheiligtümer: 78 – Straßenwarte: 48 – *curatores*: 2 – *insulae*: 1405 – Privathäuser: 150 – Speicher: 22 – Bäder: 86 – Brunnen: 180 – Bäckereien: 24.

In zwei Anhängen findet sich eine allgemeine Auflistung wichtiger Bauwerke beziehungsweise deren Anzahl:

Erster Anhang

Bibliotheken 28 – **Obelisken** 6: zwei im Circus Maximus, der kleinere davon misst 87 (88) Fuß, der größere 122 Fuß, einer im Vatican, 75 Fuß hoch, einer auf dem Marsfeld, 72 Fuß hoch, zwei am Mausoleum des Augustus, je 42 Fuß hoch. – **Brücken** 8: Aelius, Aemilius, Aurelius, Mulvius, Sublicius, Fabricius, Cestius und Probus – **Hügel** 7: Caelius, Aventinus, Tarpeius (= Capitol), Palatinus, Esquilinus, Quirinal und Viminal. – **Campi** (freie Flächen) 8: Viminalis, Agrippae, Martius, Codetanus, Octavius, Pequarius, Lanatarius und Brutianus. – **Foren** 11: Romanum magnum, des Caesar, des Augustus, des Nerva, des Traian, des Ahenobarbus (Nero), Boarium und Suarium, Pistorum, Gallorum und Rusticorum. – **Basiliken** 10: Basilica Julia, Ulpia, des Paulus, Vestilia (der Kleiderhändler?), Neptunia, der Matidia, Marciana, Vascelaria (der Töpfer), Floscellaria (der Blumenhändler), Konstantiniana. – **Thermen** 11: des Trajan, des Titus, des Commodus, die Thermae Antoninianae (= Caracalla), des Sura, des Agrippa, des Alexander (Severus), des Decius, des Diokletian, des Konstantin, des (Septimius) Severus. – **Aquaedukte** 19: Aqua Traiana, Annia, Attica, Marcia, Claudia, Herculea, Caerulea, Julia, Augustea, Appia, Alseatina, Ciminia, Aurelia, Damnata, Virgo, Tepula, Severiana, Antoniniana, Alexandrina. – **Straßen** 30: Via Traiana, Appia, Latina, Labicana, Praenestina, Tiburtina, Nomentana, Salaria, Flaminia, Aemilia, Claudia, Valeria, Aurelia, Campana, Ostiensis, Portuensis, Janiculensis, Laurentina, Argentaria, Ardeatina, Setina, Tiberina, Quintia, Cassia, Gallica, Cornelia, Triumphalis, Patinaria, Asinaria, Ciminia.

Zweiter Anhang

Deren Zusammenfassung: Capitolia 2 – Circus 2 – Amphitheater 2 – Kolosse 2 – Siegessäulen (*columnae coclidae* = gewendelte Säulen) 2 – Märkte 2 – Theater 3 – Gladiatorenkasernen 4 – Naumachien 5 – Nymphäen 15 – Reiterstandbilder 22 – vergoldete Götterbilder 80, aus Elfenbein 74 (84) – Marmorbögen 36 – Tore 37 – Stadtquartiere 333 – Larenkapellen 333 – Straßenwarte 672 – *curatores* 29 – *insulae* über die ganze Stadt verteilt 1602 – Privathäuser 1790 – Speicher 290 – Bäder 856 – *lacos*, das heißt Brunnen 1352 – Bäckereien 254 – Bordelle 46 (45) – öffentliche Bedürfnisanstalten, *quod est sicessos* 144 – Praetorianerkohorten 10 – städtische Kohorten 4 – Wachmannschaften 7 mit Wachstandorten 14 – *vexilla communia* 2 – Kasernen der *equites singulares* – Kasernen der *peregrini*, der *Ravennati* – der *lecticarii* – der *silicarii*, der Misenaten, der *tabellarii* (Briefboten) – der *victimarii* – Mensae oleareae (Ölverkaufsstätten?) in der ganzen Stadt 1300.

Und die Notitia Urbis ergänzt hinsichtlich der Wasserleitungen: »Nun listen wir die Namen der Aquaedukte auf, die zum ewigen Gebrauch der Stadtanlage in Bauten herangeführt wurden: Die ›Claudia‹ wurde von Kaiser Claudius eingerichtet und herangeführt. – Die ›Marcia‹ wurde eingerichtet von Marcus Agrippa (eigentlich nur restauriert, Frontin, De aquaeductis 9). – Die ›Traiana‹ wurde von Kaiser Trajan eingerichtet und herangeführt. – Die ›Tepula‹ wurde von Marcus Agrippa eingerichtet und herangeführt (vgl. Frontin c. 9). – Die ›Julia‹ wurde von Aurelius (korrekt: Augustus) eingerichtet und herangeführt. – Die ›Alsatiana‹ wurde ebenfalls von Kaiser Claudius eingerichtet und herangeführt (eigentlich von Augustus, Frontin c. 9). – Die ›Alexandrina‹ wurde von Alexander (Severus) eingerichtet und herangeführt. – Die ›Virgo‹ wurde von Agrippa eingerichtet und herangeführt. – Die ›Drusia‹ wurde von Drusus (?) eingerichtet und herangeführt.“

Aufgrund der erhaltenen Fragmente des Severischen Marmorstadtplans wie der Literatur lässt sich auch das innerstädtische Straßennetz einigermaßen erkennen, wobei drei verschiedene Straßenbezeichnungen auftreten: Normalerweise werden Straßen als *vici* bezeichnet (*vicus Tuscus*, *vicus Argentarius*), seltener als *via*, was zumeist auf einen besonderen Weg, eine Art Boulevard hinweist, wie etwa die Via Lata, Via Sacra; Straßen, die auf einen der Hügel führen, werden hingegen als *clivus* gekennzeichnet (*clivus Capitolinus*); aber auch Treppen waren angelegt, wie etwa die Scala Caci, die vom Forum Boarium auf den Palatin führte.

Im Laufe der Stadtentwicklung waren aber auch viele winkelige Gassen entstanden, die das Zusammengehörigkeitsgefühl in den Quartieren stärkten.[1]

Aufgrund derartiger Mitteilungen, Verzeichnisse und Karten lässt sich auch heute noch ein Stadtrundgang »rekonstruieren«, wie ihn ein Romreisender, der möglichst viele Sehenswürdigkeiten »ergehen« wollte, einschlagen konnte.

Abb. 24
Eine alltägliche Straßenszene in Rom (Aquarell von Peter Connolly).

Omnia Romanae cedent miracula terrae:
natura hic posuit quidquid ubique fuit.

Alle Wunder verblassen vor römischer Erde:
Hier schuf die Natur, was immer es gab auf der Welt.

PROPERZ 3,22,17F.

II

URBS OPULENTISSIMA – DIE PRÄCHTIGE STADT

Wir haben bereits darauf hingewiesen, dass es Romreisende gab, nicht nur Bischof Fulgentius von Ruspe, der aus Nordafrika zu Schiff anreiste, sondern auch Pilger, die sich Notizen machten über den Reiseverlauf und die Sehenswürdigkeiten, um den zu Hause Gebliebenen wenigstens einen Eindruck der Reise zu vermitteln. Es soll hier nur auf zwei derartige kleine Werke verwiesen werden, den »Codex Einsidliensis«, die vermutlich im 9. Jahrhundert entstandene Reisebeschreibung eines Mönchs von Pfäffers am Zürichsee – jetzt im Kloster Einsiedeln aufbewahrt –, und das »Itinerarium Burdigalense«, eine Wegebeschreibung von Bordeaux nach Jerusalem, aber auch nach Italien. Bedeutsam sind zudem vier Silberbecher, die am Apolloheiligtum des italienischen Vicarello als Opfergabe niedergelegt worden waren und die eine Reise von Gades (Cádiz) bis nach Rom Ort für Ort nach Distanzen in Meilen aufzählen. Berühmt ist natürlich die sogenannte »Tabula Peutingeriana«, die als Rollbild die bedeutendsten Straßen und Städte aufzeigt, die Distanzen zwischen Reiseunterkünften (»Hotels« = *mansiones*) und Pferdewechselstationen (*mutationes*) verzeichnet und so dem Reisenden den Weg zum nächsten größeren

◄ **Abb. 25**
Römischer Reisewagen, Relief an der Außenwand der Propstei- und Wallfahrtskirche Maria Saal (Kärnten).

▲ **Abb. 26**
Becher von Vicarello mit Entfernungsangaben.

Abb. 27
Passüberquerung mit beladenen Maultieren; Detail der Igeler Säule und ihrer Rekonstruktion im Landesmuseum Trier.

Abb. 28
Römische Passstraße bei Donnaz (Aostatal).

Handelsort, aber auch – natürlich – nach Rom beschreibt, dem Zielort aller Straßen und Zentrum aller Handelsinteressen.

Der Reisende, sei er Kaufmann, Pilger oder Bote, reiste natürlich in Gesellschaft, da dies den Schutz vor Straßenräubern besser gewährleistete. Nur Eilboten, die sich eines Pferdes bedienten und nach der gallischen Bezeichnung für Pferd (*vereda*) »*veredarii*« hießen, mussten meist ohne größeren Begleitschutz auskommen, hofften jedoch, aufgrund ihrer offiziellen Stellung unbehelligt zu bleiben. Dass dies nicht unbedingt zutraf, berichtet eine Grabinschrift aus Trier, wo ein kaiserlicher Botenläufer (*nuncius Augusti veloce pede cursor*) sein Leben verlor, *deceptus fraude latronum* = »getäuscht durch den Betrug von Straßenräubern« (CIL XIII 3689).

Aber nicht nur kaiserliche Boten, auch kaiserliche (Geheim-)Agenten (*agentes in rebus*) lebten gefährlich, selbst wenn ihnen an den Pferdewechselstationen immer schnelle Reittiere zur Verfügung standen.

Der normale Reisende, von dem hier gesprochen werden soll, schloss sich eher einer größeren Gesellschaft an, vor allem dann, wenn er als Kaufmann wertvolle Waren transportieren musste. Wir besitzen ein schönes Relief auf der bekannten Igeler Säule nahe Trier, die »Reklametafel« eines Woll- und Tuchhändlers, der seine Waren über einen Pass transportieren ließ. Der Darstellung ist nicht zu entnehmen, welcher Pass gemeint ist, aber es ist nicht auszuschließen, dass er seine Waren über den »Summus Poeninus«, das heißt über den Großen St. Bernhard verfrachtete, da »gallische Tücher« in Rom sehr beliebt waren wegen ihrer Wetterfestigkeit.

Abb. 29
Tabula Ansata (Henkeltafel) des Gaius Julius Primus aus Bronze, gefunden am Großen St. Bernhard.

Kaiser Claudius, der zu Erkältungen neigte, liebte die gallischen »Kapuzenmäntel« ebenso wie später der Kaiser Aurelius Antoninus, genannt »Caracalla«. Wenn Martial schreibt (6,11): *me pinguis Gallia vestit* = »Gallien bekleidet mich mit dickem, grobem Tuch«, so ist dies nur berechtigt im Vergleich zu der von ihm genannten »tyrischen« Ware, also seidenartige Gewebe. Jedenfalls zählten nach dem Preisedikt Diokletians gallische, vor allem atrebatische Tuche (»Flandrische Tuche« aus Arras) mit 200 Denaren pro Pfund zu den teuersten im Reich (Edictum de pretiis 25,13, ed. Lauffer). Gallische Tuche, zu Militärmänteln (*chlamydes*) und Tuniken verarbeitet, bunt eingefärbt, waren also sehr beliebt und brachten trotz der langen und beschwerlichen Reise nach Italien und Rom einen guten Gewinn. Dass die Überquerung der Alpen nicht ganz ungefährlich war, erkennen wir an der durch Spurrillen gesicherten Straßenanlage ebenso wie an den zahlreichen Votivtafeln, die am Großen St. Bernhard gefunden wurden. So bedankt sich ein Reisender namens Caius Julius Primus beim Gott Poeninus *pro itu et reditu* = für die glückliche Hin- und Rückreise.

Zwar nennt der Mann nicht seinen Beruf, da dieser Name aber in Jülich (CIL XIII 8222) und für Trier bezeugt ist (CIL XIII 5071, Avenches), scheint der Stifter vielleicht doch ein Händler gewesen zu sein. Zumindest haben Militärpersonen auf solchen Votivtafeln fast immer ihren Rang verzeichnet.

Natürlich bedankten sich auch andere durch Weihegeschenke dafür, dass ihnen eine glückliche Heimkehr beschieden war, vor allem seit der Senat für die »glückliche Heimkehr« des Augustus aus den Provinzen der Fortuna Redux einen Altar gestiftet hatte (Res gestae c. 11) und damit diese Göttin zu einer besonderen »Staatsgöttin« erhob: »Der Senat weihte wegen meiner Heimkehr den Altar der Fortuna Redux vor dem Tempel der Honos und Virtus bei der Porta Capena.“

Es ist anzunehmen, dass auch an anderen Orten der für eine glückliche Heimkehr zu Schiff oder zu Lande zuständigen Glücksgöttin Fortuna (beziehungsweise ›agathē Tyche‹) geopfert wurde, häufig nach einem zuvor gefassten Gelübde, das dann »freudigen Sinnes nach Gebühr eingelöst« wurde (*votum solvit libens laetus merito*), zumal Stürme, Klippen, Wegelagerer, ja organisierte Räuberbanden das Reisen unsicher machten. Die christliche Kirche konnte diese Verehrung der Götter natürlich nicht dulden, ersetzte sie jedoch bekanntermaßen durch einen »Reisesegen«.

Wir unterstellen also dem gallischen – treverischen – Tuchhändler, dass er durch seinen Warenverkauf in Italien genügend Geld verdient hat, sich die turbulente Hauptstadt selbst anzusehen, um zu Hause zu berichten, was für Wunderdinge er gesehen hatte. Sicherlich kam er in einer der vielen Herbergen Roms unter, vielleicht sogar bei einem Geschäftspartner oder Freund, der ihm eine gewisse Sicherheit gegenüber den kontrollierenden Behörden, bei denen er sich melden musste, bot, aber auch Komfort. Bedeutende Reisende, wie zum Beispiel Gesandtschaften oder gar Fürsten kamen zumeist bei einem Gastfreund in Rom oder in der Nähe unter, manchen wurde auch eine *villa publica* zugewiesen, ein staatliches Amts- und Wohngebäude, wo die Gesandtschaften warten mussten, bis sie vom Senat oder dem Kaiser vorgeladen wurden.

ROMS STADTGRENZE

Rom lag, wie das entsprechende Bild der »Tabula Peutingeriana« zeigt, wie eine Spinne in einem dichten Straßennetz. Der Romreisende betrat die Stadt durch eines der vielen Tore, die teilweise innerhalb der Stadt lagen, weil diese schon längst über die sogenannte ›Servianische Mauer‹ (11 570 m) des sagenhaften Königs Servius Tullius hinausgewachsen war, eine Mauer, die nach der Einnahme und dem Brand Roms durch die Gallier 387 v. Chr. neu errichtet und nach der Bedrohung durch Hannibal wiederum gesichert worden war. So befand sich die berühmt-berüchtigte Porta Capena, Zugang zur Via Appia, an der einst Sulla seine Gegner niedergemetzelt hatte, bereits weit innerhalb der Stadt. Selbst die spätere Aurelianische Mauer mit ihrer Länge von 18 837,5 m, 382 Türmen und 18 Toren umschloss die Stadt nicht mehr vollständig.

Die Stadt, die in der frühen Republik ein Areal von ca. 426 ha bedeckte, war im Laufe ihrer Blütezeit so angewachsen (ca. 1230 ha), dass sie allein durch ihren Umfang uneinnehmbar wurde: Als der Tetrarchenkaiser Severus und wenig später Galerius Rom angriffen, um den Usurpator Maxentius zu vertreiben (306/07), gelang es ihnen nicht, die Stadt mit ihren Truppen vollständig einzuschließen und sie mussten sich erfolglos zurückziehen. Dass es wenig später Konstantin dennoch gelang, Rom einzunehmen (312), lag daran, dass Maxentius entgegen aller Vernunft mit seinen Truppen die Stadt verließ und an der bekannten Milvischen Brücke buchstäblich unterging. Spätere Einnahmen, die sich mit den Namen des Westgoten Alarich oder des Vandalenkönigs Geiserich verbinden, sind eher durch Verrat als durch Belagerungstaktik gelungen. Selbst als Roms Einwohnerzahl zu schrumpfen begann, also zur Zeit der Kriege der Byzantiner gegen die Ostgoten nach dem Tode Theoderichs und dessen Tochter Amalaswintha, war es Belisar und Narses nur durch Verrat möglich, sich der Stadt zu bemächtigen.

Je nachdem, ob der Besucher zu Schiff oder zu Lande anreiste, boten sich ihm viele Möglichkeiten, die Stadt zu erreichen. Kam er mit dem Schiff direkt aus dem Westen – etwa den Inseln oder Afrika, seltener wurde dieser Weg für Reisen aus Südgallien oder

Abb. 30
Tabula Peutingeriana, 5. Segment: Italien mit Rom, adriatische Küste und Nordafrika.

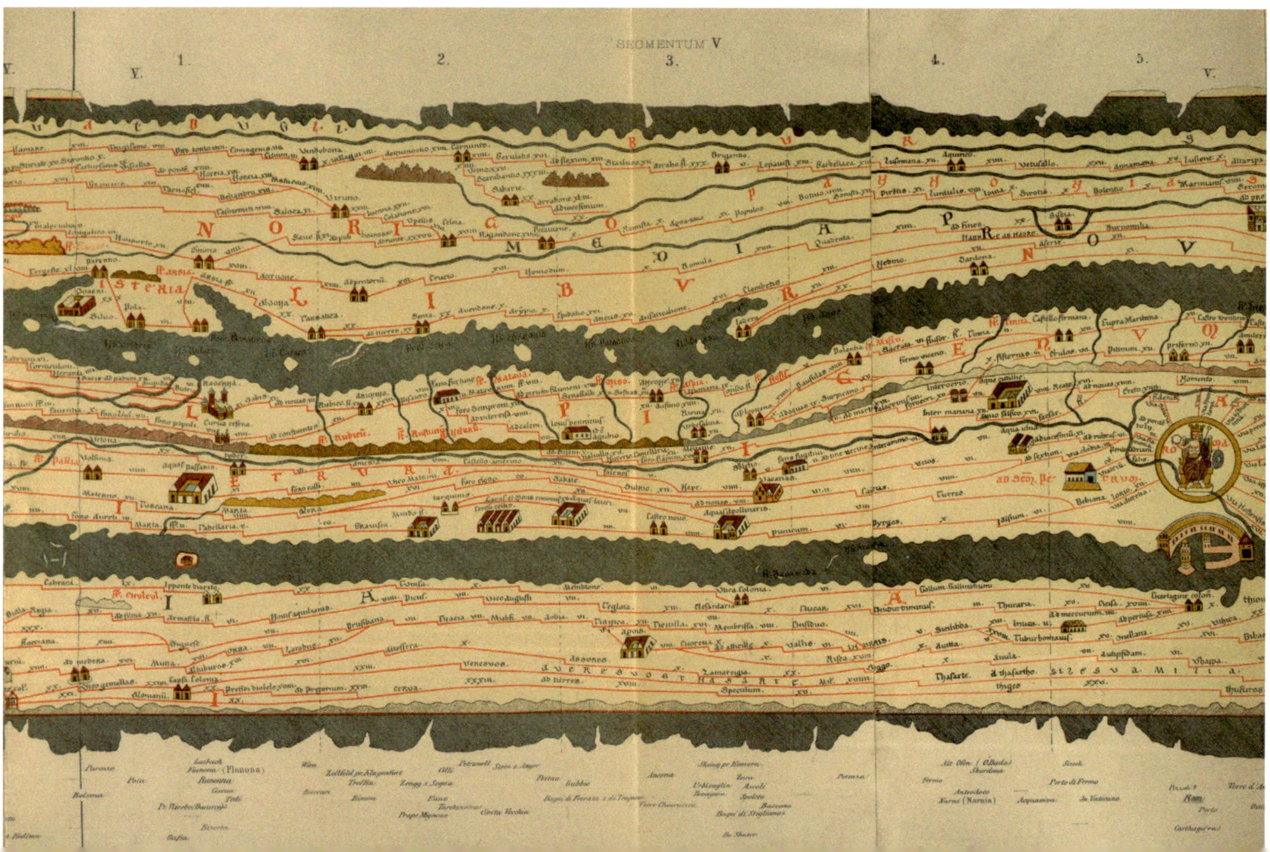

Abb. 31
Aurelianische Mauer.

Spanien gewählt –, bot sich Ostia als erste Station an. Von dort erreichte er über die nahe dem Tiber verlaufende Via Ostiensis die gleichnamige Porta. Reisende aus Süditalien benützten die Via Appia oder Via Latina, Reisende aus Griechenland, Kleinasien oder Ägypten landeten zunächst im Hafen von Brindisi, von wo sie über Tarent und Capua zur Via Appia oder zur nördlicheren Via Latina gelangten. Von Norden her, etwa aus der Poebene bei Piacenza, bot sich die Via Aemilia nach Rimini an und man erreichte dann über die Via Flaminia und den Apennin Rom. Reisende aus Gallien wählten entweder die Schiffsreise bis Genua oder benützten die unter Augustus angelegte Via Julia Augusta, die dann auf die Via Aemilia Scauri traf. Bei Pisa konnte man zwischen der Via Aurelia entlang der Küste und der Via Cassia über Florenz wählen.

Unser gallischer Wollhändler mag den Weg über den großen St. Bernhard nach Aosta (Augusta Praetoria) eingeschlagen haben, um von dort Genua zu erreichen. Es mag sein, dass unser Reisender – nennen wir ihn also Gaius Julius Primus – nicht gleich nach Rom, sondern zunächst nach Ostia reiste, sei es, um mit neuen Geschäftspartnern Kontakt aufzunehmen, die seine Waren inskünftig in Marseille abgeholt hätten, sei es, dass er dort bei einem anderen Kaufherrn Unterkunft fand, dem er bereits geschäftlich verbunden war. Jedenfalls wird ihn das Treiben in dieser geschäftigen Stadt, in der auch der Orient zu Hause war, beeindruckt haben.

Gerade Ostia ist uns mit seinen beiden Hafenanlagen, der des Claudius und der des Trajan, recht gut bekannt. Nahe der Tibermündung und den Salinen gelegen, war der nach der Sage von König Ancus Marcius gegründete Hafen Roms Tor zur Welt. Leider war er einerseits von Versandung bedroht, andererseits zum Meer hin ungeschützt. So hatte Kaiser Claudius ein Luxusschiff des Caligula versenken lassen als lange Mole mit Leuchtturm, was, da er vor der Eröffnung des Hafens starb, sein Adoptivsohn Nero mit einer großen Münze feierte.

Dennoch: Der Hafen begann erneut zu versanden, und so ließ Kaiser Traian das sechseckige Hafenbecken ausheben, das noch heute die Anlage prägt. Ostia war für eine »Landratte« wie C. Julius

Abb. 32
Porta S. Paolo (Stadttor in der Aurelianischen Mauer), Rom.

Abb. 33
Hafenszene.

Abb. 34
Via di Diana, Ostia.

Abb. 35
Rekonstruktion einer Taverne in der Via di Diana in Ostia (Aquarell von Peter Connolly).

Abb. 36
Grabmal der Caecilia Metella.

Primus wohl eine aufregende Stadt, kaum vergleichbar mit Marseille, eher mit Alexandria. Mit seiner Speicherstadt, den Handelsniederlassungen, Trattorien, Wohnblocks (*insulae*) und der Kaserne war Ostia baulich ebenso beeindruckend wie das Sprachengewirr, das ihn dort empfangen haben muss. Wir dürfen davon ausgehen, dass viele Straßenzüge in ihrem Charakter denen anderer Städte und natürlich Roms selbst entsprachen.

Die Wohnhäuser waren zur Straße hin mit Läden ausgestattet, die Bewohner lebten im ersten Stockwerk beziehungsweise nach hinten hin in einem Straßengeviert. Alles ähnelte einem orientalischen Basar, auf dem das Warenangebot jederzeit in Augenschein genommen werden konnte, angepriesen vom Ladeninhaber oder einem entsprechenden Marktschreier.

C. Julius Primus mag den Straßen, die aus Gehweg und Fahrbahn bestanden, gefolgt sein, über die Trittsteine die Straßenseite gewechselt haben, um das vielfältige Angebot zu betrachten, Waren, die in ihrer Exotik kaum in den Norden gelangen mochten; in einer Trattoria gönnte er sich, bevor er seinen Gastfreund aufsuchte, vielleicht ein einfaches Essen, ein Glas Südwein, griechischen Wein, der in seiner Schwere und Süße kaum unvermischt genossen wurde. Oder aber er blieb beim »gallischen« Wein, dessen Alter und Haltbarkeit auf nicht wenigen Amphoren zu lesen war: »Ich bin Wein aus Baeterrae [*Béziers*], 5 Jahre alt« (vgl. CIL XV 4542.3).

Um von Ostia nach Rom zu gelangen standen einem Reisenden mehrere Möglichkeiten zur Ver-

fügung, je nachdem ob er den Reisewagen oder ein Schiff benützen wollte, so die Via Ostiense, der Flusslauf des Tibers, oder die Via Portuensis, die direkte Verbindung zum Hafen. Es gab genügend Schiffsunternehmer (*navicularii*), die mit ihren Booten Waren in den Hafen von Rom und die Speicher von Trastevere verbrachten, vor allem Getreideschiffe, da die Stadt auf diese Versorgung dringend angewiesen war, um immer drohende Hungersnöte und damit innerstädtische Unruhe zu vermeiden. Auch die Via Ostiense war gut ausgebaut, und wir lesen, dass Plinius der Jüngere diesen Weg zu Pferd häufig zurücklegte, um zu seiner Landhausvilla zu gelangen.

Der Weg über die Straße mag auch gewisse Reize besessen haben, da die Ausfallstraßen Roms zudem bedeutende Gräberstraßen waren. Vor allem an der Via Appia befinden sich große Grabdenkmäler, so etwa das Grabmal der Caecilia Metella, das im Mittelalter in einen Befestigungsbau umgewandelt worden war, oder die »Cestius-Pyramide« an der Porta Ostiensis, auf der die Erben stolz verzeichneten, dass sie das Grabmal in 330 Tagen errichtet hätten. Nahe der Porta Maggiore ließ der Großbäcker Eurysaces sein Grabdenkmal in Form eines überdimensionierten Backofens errichten, und die Nekropole am »ager Vaticanus« bezeugt den Luxus, mit dem die Lebenden ihre verstorbenen Angehörigen noch im Jenseits umgaben.

Abb. 37
Cestius-Pyramide (Grabmal des römischen Prätors Gaius Cestius Epulo).

DIE STADTMAUERN ROMS

Wie bereits gesagt lagen die Tore der servianischen Ummauerung innerhalb der Stadt. Die älteste Tiberbrücke und damit einer der ältesten Zugänge war der Pons Sublicius beim Forum Boarium, eine auf schnellen Abriss berechnete Holzbrücke. Sie wurde später ergänzt durch den Pons Aemilius und den Pons Cestius beziehungsweise Fabricius, der über die Tiberinsel zu der Stelle führte, wo das Marcellustheater liegt. Hinzu kam weiter nördlich der Pons Aurelius, der Pons Agrippae, der Pons Neronianus, der die Gärten des Agrippina (*horti Agrippinae*) und das vatikanische Gebiet (*campus Vaticanus*) mit der Stadt verband. Schließlich noch der bekannte Pons Aelius (Engelsbrücke), den man überquert, um das Hadriansgrabmal (»Engelsburg«) zu erreichen. Alle diese Brücken lagen allerdings außerhalb des alten Mauerrings, dessen Haupttore – im Südwesten beginnend – die Porta Raudusculana, die Porta Naevia, die Porta Capena, die Porta Caeliomontana, die Porta Esquinina, die Porta Viminalis, die Porta Capitolina, die Porta Quirinalis, die Porta Salutaris und die Porta Sanqualis waren.

Die Mehrzahl der Tore trug also den Namen eines der sieben Hügel Roms oder – wie die Porta Capena – den Namen des Straßenzielortes (Capua). Später, als die Aurelianische Mauer errichtet wurde, waren die Haupttore in Verlängerung der alten Ausfallstraßen angelegt: etwa die Porta Ostiensis, die zur Porta Raudusculana führte, die Porta Ardeatina zur Porta Naevia, die Porta Appia zur Porta Capena, desgleichen die Porta Latina, die Porta Asinaria zu einem Durchgang unter dem Aquaedukt der Aqua Marcia, die Porta Labicana zur Porta Esquilina, die Via Tiburtina (Vetus) entlang der Mauer der Castra Praetoria zur Porta Decumana und der Porta Viminalis, die Porta Nomentana und Porta Salaris zur Porta Collina, während die Via Salaria (Antiqua) nunmehr die Stadtmauer an der Porta Pinciana, die Via Flaminia an der gleichnamigen Porta die Aurelianische Stadtmauer durchquerte. Nahe der Porta Flaminia stieß die Stadtmauer an das Tiberufer und bezog erst ab dem Pons Agrippae den jenseits des Flusses gelegenen Pagus Janiculensis in die Stadtmauer ein, lief dann zur Porta Aurelia und kehrte schließlich im spitzen Winkel zurück zur Porta Portuensis.

Abb. 38
Porta Pinciana, Stadttor in der Aurelianischen Mauer.

DIE STADT ROM – URBS ROMA

Das Forum Boarium

Unser Romreisender C. Julius Primus fand in Ostia bei einem Bekannten Unterkunft, der ihm in Sagax, einem hoch gebildeten Sklaven, einen kundigen Führer für den Besuch der Hauptstadt zur Verfügung stellte. Beide benützten einen Reisewagen, dessen Konstruktion – das geschlossene Passagierabteil war an Lederbändern aufgehängt – so komfortabel war, dass etwa Kaiser Claudius während der Fahrt ohne Erschütterung Würfel spielen konnte. Allerdings musste ein Reisender wohl an der Stadtmauer in eine Sänfte wechseln oder zu Fuß gehen, da innerhalb der Stadt das Wagenfahren nur bestimmten Personen zu eingeschränkten Zeiten erlaubt war, ferner Lieferanten, deren Waren nicht durch Träger, die in sogenannten Sackträgergenossenschaften (*collegium saccariorum*) organisiert waren, ausgeliefert werden konnten.

Lassen wir C. Julius Primus Rom durch die Porta Portuensis betreten und den Tiber am Pons Aemilius überqueren, eine Brücke, die zwischen Forum Holitorium (Gemüsemarkt) und Forum Boarium (Rindermarkt) mündet. Hier, in der einst sumpfigen Niederung des Forum Boarium zu Füßen von Palatin und Capitol, befand sich eine uralte Furt, und dort finden sich auch alte Siedlungsspuren (heute unter und bei der Kirche S. Omobono). Dieses Gebiet, in dem auch der Hafen (*portus Tiberinus*) und der Tempel des Portunus liegen, ist mit den Namen Herkules und Cacus verbunden, was zeigt, dass hier schon früh griechische Kaufleute anlandeten und einen Herkules-Altar errichtet hatten. »Nach der Sage«, so erklärte Sagax seinem Begleiter, »hat Herkules, der die Rinder des Helios weggeführt hatte, sich hier ausgeruht. Währenddessen habe der Räuber Cacus ihm die schönsten gestohlen, wofür er zur Strafe von dem Zeussohn erschlagen wurde.« Es entstand also ein höchst archaischer Kult, und Romulus soll den Altar des Herkules als Ara Maxima in die Stadt einbezogen haben. Auf dem Forum Boarium befindet sich auch ein Rundtempel aus der ersten Hälfte des 1. Jahrhunderts v. Chr., der – zumeist irrig als »Tempel der Vesta« bezeichnet – dem Herkules Victor geweiht ist: ein auf ein kleines Podium gestellter Tempel mit Marmorsäulen und korinthischen Kapitellen, die Replik eines griechischen Rundtempels.[2] Errichtet haben soll ihn nach Macrobius, der sich hier auf Cicero bezieht (Saturnalien 3,6,11), der ehemalige Flötenspieler (*tibicen*) M. Octavius Herennus, der schließlich durch Handelsgeschäfte reich geworden war. Als er einst von Piraten angegriffen sich erfolgreich wehren konnte, stiftete er ein Zehntel des Vermögens für die Errichtung des Tempels an den »siegreichen« Herkules.

Unweit davon liegt der Tempel des Portunus, des Gottes der Türen und Pforten, der aber wegen seiner Nähe zum Tiber zum »Hafengott« wurde. Sein Tempel wurde in der zweiten Hälfte des 2. Jahrhunderts v. Chr. von griechischen Bauleuten im klassischen jonischen Stil errichtet.

In dieser stets von Hochwasser bedrohten Niederung soll auch das Weidenkörbchen mit den Zwillingen Romulus und Remus angeschwemmt worden sein, dort soll sie die Wölfin (*lupa*) genährt haben, bis sie der Rinderhirt Faustulus entdeckte und seiner Frau anvertraute.

Das Capitol und die Arx

Sagax führte C. Julius Primus zunächst entlang des Vicus Jugarius, den Weg zwischen Curia Julia und Templum Saturni, wo sich die Staatskasse, das Aerarium befindet, zum Clivus Capitolinus. »Oben, auf der Fläche des Capitolinischen Hügels, befand sich einst«, so erklärte Sagax, »der uralte, in seinen Anfängen etruskische Tempel des Jupiter, eigentlich ein Tempel für die Götterdreiheit Jupiter, Juno und Minerva. Entworfen während der Regierungszeit des letzten Königs Tarquinius Superbus, wurde er nach der Tradition im ersten Jahr der Republik eingeweiht, das heißt im Jahr 509 nach der Varronischen Rechnung.

Nach Livius (7,3,8) nahm der Consul Marcus Horatius Pulvillus den Weiheakt vor. An der Innenwand der Cella der Minerva soll der gerade amtierende *praetor maximus* nach etruskischem Brauch jeweils an den Iden des September (= 13. September) den Jahresnagel eingeschlagen haben.

Der Tempel war nach etruskischem Brauch konzipiert, das heißt, das Innere des mit Dachaufsätzen und einem Viergespann (später aus Bronze) verzier-

Abb. 39
Rekonstruktion des Kapitols (Aquarell von Peter Connolly).

ten Tempels war in drei Zellen unterteilt, je eine für Juno, Jupiter und Minerva. Als er dann in den Unruhen unter Sulla zerstört wurde, ließ dieser ihn wieder aufbauen. Dafür ließ er Marmorsäulen vom Tempel des Zeus Olympios aus Athen, das er zu Beginn des Mithradatischen Krieges eingenommen und geplündert hatte, nach Rom transportieren und stellte eine Marmorstatue des Bildhauers Apollonius auf. In den Jahren 69 und 80 n. Chr. erneut durch Brand vernichtet und immer prächtiger aufgebaut, war von der alten republikanischen Substanz kaum etwas übrig geblieben. Aber jede römische Kolonie besitzt in ihrem ›Capitolinischen Tempel‹ eine Abbildung dieser Trias als Symbol der Zugehörigkeit zum Imperium.«

C. Julius Primus erwarb vor Ort bei einem entsprechenden Händler eine Taube, besorgte sich das für die Besprengung des Opfers und der Opfernden notwendige Wasser (es gab sogar schon Weihwasserautomaten!) und übergab alles pflichtschuldig dem Opferpriester, der den Opferritus vollzog.

Ganz in der Nähe findet sich auch die Ara Gentis Iuliae, eigentlich ein im Jahr 22 n. Chr. vom Senat beschlossener Altar für die Genesung der Livia. Da Livias Sohn Tiberius alle Ehrungen untersagt hatte, konnte erst Claudius im Jahr 43 den Wunsch Livias erfüllen, sie unter die Götter erheben zu lassen (Divinisierung).

Auf dem kapitolinischen Plateau steht auch der Tempel der Ops (Fruchtbarkeit und Fülle) und der Tempel der Fides, der Göttin der Verträge, in dessen Wand bis zu Domitians Zeit die Originale der Militärdiplome, das heißt Bürgerrechtsverleihungen für Auxiliarsoldaten, eingelassen waren. Später wurde dafür der Ort *in muro post templum Divi Augusti ad Minervam* gewählt. C. Julius Primus war einen Moment versucht, nach dem Namen des eigenen Vorfahren zu suchen, dessen Militärdiplom in Kopie im »Larenarchiv« seines Hauses bewahrt wurde, gab diesen Versuch allerdings angesichts der Fülle der Plaketten schnell auf.

Sagax führte nun seinen Begleiter durch das Asylum, dem gegenüber der alte Tempel des (etruskischen?) Gottes Ve(d)iovis liegt, ein Gott, von dem sogar Cicero behauptete, »man wisse nichts mit ihm anzufangen« (De natura deorum 3,62), zum bereits 343 v. Chr. (erstmals) errichteten Tempel der Juno, die – weil in unmittelbarer Nachbarschaft die Werkstätten der Münzanstalt lagen – den Beinamen Juno »Moneta« erhielt, und weiter zur Arx, der ehemaligen (Flucht-)Burg und möglichen Sitz der altrömischen Könige, 46 m hoch gelegen. Hier spielte auch die Geschichte von der Römerin Tarpeia, die bei der

Abb. 40
Tarpejischer Fels am Südabhang des kapitolinischen Hügels.

Belagerung des Kapitols durch die Sabiner diesen die Tore geöffnet haben soll. Als Lohn erbat sie sich den Goldschmuck, den jeder Krieger am linken Arm trug. Die Sabiner aber warfen ihr nicht nur den Schmuck, sondern auch den Schild zu, so dass sie darunter begraben wurde. Der nach ihr benannte Felsen, die *rupes Tarpeia*, erhielt traurige Berühmtheit dadurch, dass dort Verbrecher in die Tiefe gestürzt wurden, soweit man sie nicht im Tullianum, dem Staatsgefängnis, erdrosselte.

Schließlich führte Sagax C. Julius Primus zum Tabularium, dem von Sulla errichteten staatlichen Archiv, in dem alle Gesetzesanträge und Protokolle von Senatssitzungen aufbewahrt sind. Es ist eine mächtige Anlage, deren Unterbau bis auf die Höhe der Arx aus Quadern errichtet worden war, nur überragt vom Kapitolinischen Tempel.

Als das Kapitol in den Bürgerkriegen des Jahres 69 n. Chr. erneut brannte, wurde auch das Archiv in Mitleidenschaft gezogen. Sueton, der unter den Kaisern Trajan und Hadrian Sekretär war, berichtet, Kaiser Vespasian habe im ganzen Reich und in allen Privatarchiven Abschriften der Dokumente suchen lassen, um das Archiv wieder herzustellen.

Abb. 41
Tabularium auf der Westseite des Forum Romanum.

Der Blick über die sieben Hügel

Sagax hatte aber seinen Begleiter nicht nur auf das Kapitol geführt, um ihm die Staatsheiligtümer zu zeigen, er hatte ihn auch hierhergebracht, um ihm trotz der Fülle der Bebauung wenigstens einen ungefähren Blick über die sieben Hügel Roms und die vielfältigen Grünanlagen, die die großen Tempel umgeben, zu bieten. Aber auch private Parkanlagen durchbrechen das Häusermeer: Zwischen Kapitol und Tiber liegen die »Gärten« (*horti*) des Pompejus, nahe der Via Lata der Campus Agrippae und der kleine See (*stagnum Agrippae*), auf dem Nero Seegefechte (*naumachia*) und andere Feste veranstaltet hatte; dahinter, bereits jenseits des Tibers, die Gärten des Domitian und die Anlage beim Mausoleum des Augustus. Auf dem Viminal liegen die Gärten der Lollii, daneben, auf dem Esquilin, die ineinander übergehenden Gärten des Taurianus, des Maecenas, die *horti Pallantiani*, *Lamiani*, *Liciniani* und *Torquatiani*, die sich bis zur Aurelianischen Mauer erstrecken, durchschnitten von der Via Tiburtina. An der Via Labicana entfaltet sich die Anlage des Tempels der Spes Vetus, die auch das Amphitheatrum Castrense einbezieht; zwischen Caelius und Mauerring, ungefähr begrenzt von Via Asinaria und Via Appia, liegen die *horti* der Vectilier, der Hain der Camenae, die *horti Asinii* und, am Ende des Aventins jenseits der Via Ardeatina, die *horti Servilii*. Die größten Parkanlagen befinden sich jedoch *trans Tiberim*: Zunächst, noch innerhalb des Mauerrings, der Hain der Caesaren (*nemus Caesarum*), außerhalb die *horti Caesaris*, die den Hain der Furrina einbeziehen. Südlich der Via Triumphalis erstrecken sich die *horti Agrippinae* und die *horti Getae*, nördlich davon, erreichbar vom Pons Aelius, die Gärten der Domitia. Die bedeutendste Gartenanlage aber liegt im Norden Roms an einer Stelle, die als *collis hortulorum* (»Gartenhügel«) angesprochen wird: Unter den Revierbezeichnungen Gärten des Domitian, Gärten der Acilii und Gärten des Sallust bilden sie eine große Anlage, die zumeist unter der Sammelbezeichnung »Gärten des Sallust« in der Literatur erscheint. Solche Parkanlagen sind mit Statuen und griechischen Meisterwerken – teils im Original, teils in Kopien – geschmückt, enthalten luxuriöse Gebäude oder auch Tempel, Säulenhallen mit Mosaiken und Malereien. Zu seinem Bedauern erfuhr C. Julius Primus, dass die Mehrzahl der Parks, vor allem die Gärten des Sallust, die dieser einst aus dem Nachlass Caesars erworben hatte, nicht zugänglich waren, da sie sich im Besitz der Kaiser befinden. Da die Kaiser häufig in den im Park liegenden Palästen (*domus*) residierten, hatte Publikum nur zu bestimmten Anlässen Zutritt. Hingegen sind die *horti Caesaris* mit einer Ausdehnung von ca. 1500 mal 500 Metern als öffentlicher Park ausgewiesen, da Caesar diesen in seinem Testament dem *populus* der Stadt Rom geschenkt hatte: »Dem Volke vermachte er die Gärten jenseits des Tibers als öffentliche Anlagen sowie jedem Einzelnen 300 Sesterzen« (Sueton, Divus Julius 83). Auch die Anlagen des Agrippa und die um das Mausoleum des Augustus sind frei zugänglich.

Aber nicht nur das Grün der Parks und Gärten beeindruckte Julius Primus; noch mehr geblendet war er von dem Glanz der Tempel, deren Dächer wie das des Kapitolinischen Tempels oder des Pantheons häufig mit vergoldeten Bronzeziegeln eingedeckt waren.

Das Forum Romanum

Vom Capitol aus hatte man natürlich auch einen Blick über das Forum, den geschäftigen politischen Mittelpunkt der Hauptstadt des Imperiums. C. Julius Primus und sein Führer Sagax stiegen die Stufen der Scalae Gemoniae neben dem Concordiatempel hinab auf die mit großen Platten belegte Fläche. Auf Wunsch des Julius Primus wandten sie sich zunächst nach links zum Carcer, der seinen Namen Tullianum nach König Servius Tullius oder Tullus Hostilius erhalten haben soll und teilweise in den alten Tuffsteinbrüchen angelegt war (daher *lautumiae*). Die bedrückende »zweigeschossige« Anlage beschreibt Sallust (Coniuratio Catilinae 55): »Es gibt im Kerker, wenn man ein wenig nach links hinaufsteigt, einen Ort genannt Tullianum, etwa zwölf Fuß unter der Erde gelegen; ihn umgeben ringsum Mauern und er ist mit einem Steingewölbe überdeckt. Mit seiner Unsauberkeit, seiner Finsternis und seinem Gestank bietet er einen erschreckenden Anblick.«

Obwohl seine Familie schon längst das römische Bürgerrecht besaß, wollte Julius Primus doch den Ort sehen, an dem der große Gegner Roms, der Häduer Vercingetorix bis zum Triumphzug Caesars eingekerkert war, bevor er schließlich erdrosselt wurde. Nach einer kurzen Gedenkminute und entsprechendem Schauer verließ er die Zelle. Natürlich wies ihn sein

Abb. 42
Carcer Mamertinus, seit dem 4. Jh. v. Chr. Staatsgefängnis.

Führer darauf hin, dass auch andere bekannte Männer dort eingesessen hatten, etwa Jugurtha, der König Mauretaniens, und die Mitverschwörer des Catilina, die dann Cicero hinrichten ließ, doch dies bedeutete Julius Primus weniger. So folgte er nun Sagax zu den beiden Orten, die dieser für die Geschichte Roms als besonders bedeutsam ansah: den Lapis Niger und den Lacus Curtius.

Auf dem Wege dahin erklärte Sagax, dass auch das Forum ursprünglich eine sumpfige Niederung war, die sogar als Begräbnisort gedient hatte, bis es während der Herrschaft der Tarquinier durch die Anlage der Cloaca Maxima trockengelegt und auch gepflastert wurde. Damit war die Senke zwischen Kapitol, Palatin und Quirinal bautechnisch erschlossen, alle vier Regionen bildeten nunmehr eine städtische Einheit, eine *continentia*. Vor allem die Verbindung von Kapitol und Palatin war wichtig, da sich auf dem Palatin die städtisch bedeutendere Siedlung befunden haben soll. So entwickelte sich das Forum zu einem städtischen Versammlungsplatz (*comitium*), was der dort liegende Lapis Niger beweist.

Lapis Niger

Es handelt sich dabei um den Rest einer Stele, in kaum lesbarer, an etruskische Buchstaben erinnernder Schrift beschrieben. Die Inschrift ist vor allem deswegen kaum zu entziffern, weil die Stele in wechselndem Zeilenduktus graviert wurde, ↑ ↓ ↑ ↓, also »boustrophedon«, wie die Griechen sagen, »so wie der Ochse beim Pflügen wendet«, und zudem jetzt am oberen Ende abgebrochen ist. Den Namen aber erhielt der Stein nicht nur nach seiner Färbung, sondern vor allem nach der von Sulla mit schwarzen Marmorplatten ausgestalteten Anlage. »Die Römer«, so erläuterte Sagax, »verehren den Platz als Ort, an dem der Stadtgründer Romulus begraben sein soll, oder der Hirte Faustulus, der die Zwillinge aufgezogen habe, oder der König Tullus Hostilius, der an diesem Orte den ersten Versammlungsraum für Senatoren, die Curia Hostilia, erbauen ließ.«

Abb. 43
Lapis Niger, Stele mit einer Inschrift auf dem Forum Romanum.

In diese frühe Zeit datiert auch das sogenannte »Haus des Numa«, die Regia, die an der damals repräsentativen, drei Meter breiten gepflasterten Via Sacra liegt und jetzt als Amtssitz des Pontifex Maximus dient.

Lacus Curtius

Sagax geleitete nun C. Julius Primus zu einem kleinen Platz mit zwei Altären und einer Art Brunnen (*puteus*), der einen Blitzeinschlag, das heißt ein »Blitzgrab« bezeichnete (Ovid, Fasti 6,403). Aufregender sei aber, so Sagax, die Geschichte von M. Curtius, der sich 362 v. Chr. aufgrund eines Orakels in voller Rüstung samt Pferd in einen Erdspalt gestürzt habe: Nach dem Orakelspruch sollte sich nicht nur der Erdspalt auf dem Forum schließen, sondern Rom auch die ewige Herrschaft sicher sein, wenn sich das Beste, das Rom zu bieten habe, dort opfere. Hernach habe sich der Spalt geschlossen und der Ort den Namen »Lacus Curtius« erhalten (Livius 7,6).

„Aber«, so zitierte Sagax den Historiker Livius: »›das hohe Alter der Geschehnisse verweigert eine zuverlässige Kenntnis‹ (*certam derogat vetustas fidem*). So zählt er noch andere Überlieferungen auf, etwa, dass der Sabinerkönig Mettius Curtius im Kampf gegen Romulus dort im Sumpf versunken sei.« Der *puteus*, das Blitzgrab, aber sei wahrscheinlich, da es nach dem etruskischen Ritus als geweihter Ort (*locus religiosus*) gelte.

Das Forum Romanum und seine Großbauten

Vom Lapis Niger wandten sich beide Besucher nach Norden. Hier, so erklärte Sagax, liegt ein kreisrunder, mit Platten belegter Platz, über den man zur Curia Hostilia gelangt (*SS. Luca e Martina*).

Curia Hostilia und Comitium

Das Comitium war der älteste Versammlungs- und Gerichtsplatz der Bürger Roms, und in seiner Nord-Süd-Ausrichtung entsprach er den auch von den Etruskern eingehaltenen Vorschriften eines *augurium*, das heißt, es wurde zuvor eine Äußerung des Götterwillens eingeholt, die den Platz als heiligen Ort (*templum*) kennzeichnete. In seinem Kommentar zur »Aeneis« des Vergil (6,190) unterscheidet der Gelehrte Servius zwischen Vorzeichen, die man von den Göttern verlangt und durch den Flug bestimmter Vögel erhält (*augurium impetrativum*), und solchen, die als nicht-verlangte von jedem Vogel angezeigt werden konnten (*auspicia oblativa*).

Von den Stufen der Curia Hostilia aus, so überliefert Plinius, verkündete ein Herold die Stunden, bis er dann durch eine offizielle Sonnenuhr ersetzt wurde. Diese hatte Manius Valerius Messala 263 v. Chr. aus Sizilien nach Rom gebracht, doch erst 164 v. Chr. bemerkte der Censor Q. Marcius Philippus, dass sie falsch ging, weil sie auf das 4° südlichere Sizilien ausgerichtet war. So zog Sagax nun seine eigene

Abb. 44
Relief des Marcus Curtius, der sich mit seinem Pferd in den Erdspalt stürzt.

Taschenuhr – eine Sonnenuhr in Miniaturform – und zeigte Julius Primus, wie genau diese trotz der geringen Größe war.

159 v. Chr. wurde dann von P. Cornelius Scipio Nasica eine nach alexandrinischem Muster konstruierte Wasseruhr aufgestellt, so dass jeder auch bei Nacht die genaue Zeit erfahren konnte (Naturalis historia 7,214).

Der Platz wurde vermutlich im 3. Jahrhundert v. Chr. mit Sitzreihen eingefasst, so wie sie entsprechende griechische Anlagen in Unteritalien, zum Beispiel in Paestum zeigen, vielleicht auch, weil dort öffentliche Spiele, etwa Gladiatorenkämpfe, stattfanden. Die Curia Hostilia, nach der Sage zunächst als Tagungsort für 100 Senatoren konzipiert, musste dann für 300 Mitglieder erweitert werden. Sie wurde vermutlich nach dem verheerenden Galliersturm 387 erneuert und schließlich 80 v. Chr. von Sulla als »Curia Cornelia« für nunmehr 600 Mitglieder vergrößert. Als sie während der Unruhen des Jahres 52 abbrannte, ließ sie Caesar als »Curia Iulia« neu errichten, doch wurde sie erst von dessen Adoptivsohn am 28. August 29 v. Chr. geweiht. Während der Unruhen des Jahres 69 n. Chr. erneut beschädigt, wurde sie dann von Domitian im Jahr 94 restauriert. Als der Brand von 283 sie erneut zerstörte, ließ sie Diokletian in der heute sichtbaren Form wieder erstellen: ein 21 Meter hoher Innenraum, 18 Meter breit und 27 Meter lang, flach gedeckt und bis zur halben Höhe mit Marmor verkleidet, darüber mit Stuck verziert. Die Wände sind mit Nischen für Statuen versehen. Der Innenraum, so erklärte Sagax seinem Begleiter, habe links und rechts breite Marmorstufen, auf denen die Senatoren, zuvorderst diejenigen, die ein curulisches Amt bekleidet hatten, das heißt

Abb. 45
Bilick über das Forum Romanum.

Abb. 46
Curia Iulia auf dem Forum Romanum, der Versammlungsort des Senats.

gewesene Consuln, Praetoren und Aedile, ihre Stühle aufstellen dürfen. Zudem gibt es die Bank der Volkstribunen.[3] Auf einem Podium an der Rückwand stehen die Stühle (*sella curulis*) der amtierenden Consuln, auch ein »Thron« für den Kaiser. Dort befindet sich auch die berühmte Ara Victoriae, der Altar der Siegesgöttin, die Augustus aus Tarent als Zeichen des ewig siegreichen Roms mitgebracht hatte. Vor ihm wird zu Beginn der Senatssitzungen geopfert, vor ihm werden die Beschlüsse beschworen.[4]

Allerdings ist bekannt, dass nicht alle Senatssitzungen der republikanischen Zeit in der Curia Hostilia beziehungsweise Cornelia stattfanden: Häufig wurden aus symbolischen Gründen Tempel gewählt, und erst Augustus verfügte die Curia Julia als üblichen Sitzungsort mit festen Sitzungstagen (*senatus legitimus*). Ursprünglich verlangte die Senatsordnung die Anwesenheit von mindestens einem Drittel aller Senatoren, um bindende Beschlüsse zu fassen. Dabei durften die rangersten Senatoren ihre Ansicht äußern und einen Antrag stellen, die anderen nur mit abstimmen. Dies geschah meist durch Auseinandertreten (*discessio*) auf die Seiten *pro* und *contra*, so dass man die, die nur zur *discessio* aufgefordert wurden, als *pedarii* bezeichnete = ›die mit den Füßen abstimmen‹. Seit aber die Senatoren lediglich zusammenkamen, um die Anordnungen des Kaisers – zumeist nur von dessen Stellvertreter verlesen – zu beklatschen und zu bejubeln, wurde nicht mehr so genau darauf geachtet. C. Julius Primus nickte verständnisvoll, da auch die Curiatsmitglieder seiner Heimatstadt mit dem gleichen Problem konfrontiert waren, nur dass sie auch noch die Steuerverordnungen abnicken mussten.

Abb. 47
Rekonstruktion einer Senatssitzung in der Curia Iulia (Aquarell von Peter Connolly).

Ebenfalls abgebrannt war im Jahr 52 v. Chr. die vom Censor M. Porcius Cato 184 v. Chr. errichtete Basilica Porcia, eine rechteckige Gerichts- und Markthalle mit Eingangsporticus und Apsis, die aber nicht mehr aufgebaut wurde.

Zu dieser Gesamtanlage gehörten auch das ›Senaculum‹, ein weiterer Sitzungsort der Senatoren, und die sogenannte ›Graecostasis‹, von wo aus fremde Gesandtschaften die Senatsverhandlungen verfolgen konnten, soweit sie deren Belange betrafen.

Rostra

Wichtiger Teil des Comitiums ist natürlich die Rednertribüne. Sie erhielt ihren Namen »Rostra« nach den sie schmückenden Schiffsschnäbeln (*rostrum*), als Rom den Krieg gegen die Hafenstadt Antium 338 v. Chr. gewann: Deren Schiffe wurden teils verbrannt, teils einer römischen Flotte zugeordnet. Doch die Herrschaft zur See lag im Westen noch lange bei den Syrakusanern, Tarentinern und vor allem Karthagern, im Osten bei Rhodiern und Alexandrinern, hernach bei den Seeräubern, bis Pompejus sie im Jahr 67 v. Chr. bezwang. Die Rostra (meist als Pluraletantum verwendet) stellt einen der Mittelpunkte des politischen Lebens dar: Von ihr herab wenden sich die Magistrate an das Volk (*populus*), werden Gesetze verkündet, Abstimmungen bekannt gegeben und vieles andere mehr. Caesar hatte die alte Rednerbühne im Jahr 44 v. Chr. ersetzt, und Augustus weihte dann im Jahr 29 v. Chr. eine neue, noch größere.

Abb. 48
Rostra.

Abb. 49
Der sogenannte »Arringatore«.

Sagax stieg die Stufen hinauf, trat an die Rampe und rief in der Haltung eines ausgebildeten Redners, mit ausgestrecktem Arm und nach vorne weisender Hand, mit lauter, heller Stimme »Quirites!« Dann aber stieg er schnell herab, da er befürchtete, an seiner Kleidung als Sklave erkannt zu werden und Schwierigkeiten zu bekommen. Aber er wies Julius Primus auf eine Gruppe Männer hin, in deren Mitte ein etwas korpulenter Mann mit elegant geraffter Toga stand. »Dies«, so sagte er, »ist der reiche C. Ceionius Rufius Volusianus, einer der Senatoren, erkennbar an dem breiten Purpurstreifen und – wenn er näher stünde – an den schwarzen Schuhen. Er wird von seinen Clienten und Bittstellern begleitet, denen er alles verspricht, vor allem Unterstützung in anhängigen Gerichtsverfahren: Richter und Geschworene kann man ja durch Geschenke günstig stimmen, vor allem, wenn man, wie er behauptet, das Ohr des Kaisers besitzt. Aber die Kaiser sind ja leider so selten in Rom! Nebenbei: Der berühmte Quintilian schreibt in seinem ›Lehrbuch der Redekunst‹, der bekannte Enzyklopädist C. Plinius der Ältere habe den berühmten Redner Cicero verspottet, weil dieser seine Toga immer weit herabhängend getragen habe, um die Krampfadern zu verbergen (Institutio oratoria 11, 143). Dass Cicero eitel war, ist ja bekannt.«

Die Duilius-Säule

Nach diesem Exkurs wandte sich Sagax der nebenstehenden Duilius-Säule zu. C. Duilius hatte die »Columna Rostrata« nach seinem Seesieg über die Karthager bei Mylae 260 v. Chr. neben der Rostra aufstellen lassen, und eine Inschrift pries diese bedeutende Leistung: »Während seiner Magistratur hat er als erster Consul zu Schiff auf dem Meer mit Glück gekämpft, die Flotte als Erster ausgerüstet und geschmückt, und mit diesen Schiffen die ganze Punische Flotte, dgl. einen Großteil des Heeres unter der persönlichen Führung des Hannibal auf hoher See kämpfend besiegt und mit Waffengewalt die Schiffe genommen mit den Bundesgenossen: ein Siebenruderer, 30 Quinqueremen und Triremen, 13 Schiffe versenkt. An Gold gewann er 3700 Münzen, eine Silberbeute von 6100 […], an Aes (Bronzemünzen) gesamthaft (zwischen 29 000 000 und 34 000 000); nach dem Triumph gab er die Beute dem Volke und führte viele hochgeborene Karthager vor seinem Wagen mit« (CIL I^2 25 = VI 1300).

Dass Duilius »dem Volke die Beute gab« (*praedad poplom donavet*) heißt, dass er aus der Karthagerbeute den Janustempel auf dem Forum Holitorium errichten ließ.

Regia

Am Ende des Forum Romanum, gleich hinter dem Templum Divi Iulii und von der Via Sacra eingeschränkt, liegt die Regia, die als Haus des Königs Numa Pompilius angesehen wird; er, eigentlich ein Sabiner, soll die religiösen Einrichtungen des Staates auf Anregung der Nymphe Egeria geschaffen haben. Die Anlage reicht in ihren Anfängen auf das sechste Jahrhunderts zurück. Als sie dann einem Brand zum Opfer fiel, wurde die Regia nach altem Vorbild wieder aufgebaut. In diesem merkwürdig ausgerichteten dreieckigen Gebäude werden die Opfer für die Ops Consiva (Erntegöttin) und Mars vorgenommen. Vor allem Mars ist ein doppeldeutiger Gott: Nach ältesten Gebeten wurde er als Saatengott angesprochen, gleichzeitig aber gilt er als Kriegsgott und Vater der Zwillinge Romulus und Remus. So bewahrt man in der Regia auch die berühmten Schilde (*ancilia*) der Salierbruderschaft auf, die, wie eine Acht geformt, an einem bestimmten Festtag von diesen tanzend durch die Stadt getragen wurden (19. Oktober: Armilustrium).

Die Regia ist das Amtslokal des Pontifex Maximus, des obersten Kultherrn.[5] Hier befindet sich auch das Archiv der Priesterschaft, das 130 v. Chr. der da-

Abb. 50
Gaius Duilius, Inschrift auf der Columna Rostrata.

malige *pontifex* Mucius Scaevola in 80 Büchern publizierte (sogenannte »Annales maximi«). Ein *pontifex minor* ist zuständig für den Kalender und von der Regia aus werden dann die festen Monatsdaten Kalenden, Iden und Nonen verkündet (*kalare* = ausrufen), vor allem die beweglichen Feiertage (*feriae conceptivae*) und Schalttage (*dies intercalares*). Daran änderte auch die Kalenderreform Caesars nur wenig.

Basilica Aemilia

179 v. Chr. von den Zensoren M. Aemilius Lepidus und M. Fulvius Nobilior anstelle eines älteren abgegangenen Gebäudes errichtet, wird sie immer als »Basilica Aemilia« bezeichnet, da sie gleichsam als »Erbe« innerhalb der patrizischen Familie der Aemilier immer wieder restauriert wurde. Sie wurde zweistöckig errichtet mit Arkaden und Pilastern auf der Vorderseite und war von Anfang an als eine Art Mehrzweckgebäude konzipiert, als Börse, als Gerichtssaal, als Versammlungsort. Der Innenraum mit Marmorboden besitzt mit 70 × 29 Metern vier durch Säulen gegliederte Schiffe. In caesarischer Zeit wurde am Nordosteingang ein Fries angebracht, das die Gründungssage Roms zeigt. Entlang der Säulenhalle (*porticus*) zum Forum liegen Tavernen und Geschäftsräume (*tabernae novae*).

Neben den Stufen der Basilica mündet die Cloaca Maxima, und das dort befindliche offene Heiligtum (*templum*) ist der Venus Cloacina geweiht. Dort soll auch im Jahr 449 v. Chr. der Soldat Verginius seine Tochter Verginia getötet haben, als der arrogante Decemvir Appius Claudius sich in sie verliebte und entgegen allem Recht als Sklavin beanspruchte. Nahe der Basilica Aemilia lag auch der alte Fischmarkt (Forum piscatorium), der aber nach dem Bau der Basilica aufgegeben wurde.

Zwischen Basilica Aemilia und Curia führt ein Weg (Argiletum) zum Stadtviertel Subura. Dort stand ein dem »doppelgesichtigen« Janus geweihter Torbogen, vielleicht ein Überrest der Stadtmauer der einstigen ›Roma Quadrata‹. Die Tore des Durchgangstempels, der den Auszug und die Heimkehr des Heeres symbolisiert, wurden nur in Friedenszeiten geschlossen, und Augustus rühmte sich, den Tempel, »von dem unsere Vorfahren wollten, dass er geschlossen sein solle, wenn im ganzen Römischen Reich ein zu Wasser und zu Lande durch Siege errungener Friede herrschte – was, wie die Überlieferung meldet, vor meiner Geburt seit Gründung der Stadt überhaupt erst zweimal geschehen sein soll[6] –, diesen beschloss der Senat unter mir als Princeps dreimal zu schließen« (Res Gestae divi Augusti c. 13).

Domitian ließ den Bogen abreißen und durch einen vierseitigen Bogen (Quadrifons) am Eingang zum Forum Transitorium ersetzen.[7]

Der Bogen des Septimius Severus

Sagax führte Julius Primus nunmehr zu dem neben der Rostra stehenden mächtigen, mit drei Durchgängen versehenen Bogen des Kaisers Septimius Severus, 22,88 Meter hoch, 23,27 Meter breit und 11,20 tief. Dort las Sagax seinem Begleiter die in Bronze ausgegossene Inschrift – der Bogen wurde im Jahr 203 vom Senat gestiftet – vor:

Imp(eratori) Caes(ari) Lucio Septimio M(arci) fil(io) Severo Pio Pertinaci Aug(usto), patri patriae, Parthico Arabico et Parthico Adiabenico, pontific(i) maximo, tribunic(ia) potest(ate) XI, imp(eratori) XI, co(n)s(uli) III, proco(n)s(uli); et Imp(eratori) Caes(ari) M(arco) Aurelio L(uci) fil(io) Antonino Aug(usto) Pio Felici, tribunic(ia) potest(ate) VI, co(n)s(uli), proco(n)s(uli), <p(atri) p(atriae), optimis fortissimisque principibus>,| ob rem publicam restitutam imperiumque populi Romani propagatum insignibus virtutibus eorum domi forisque, s(enatus) p(opulus)q(ue) R(omanus) = »Dem Kaiser L. Septimius Severus Pius Pertinax, Sohn des Marcus (Aurelius), Vater des Vaterlandes, Sieger über Parther der Arabia und Parther in der Adiabene, Pontifex Maximus, in seiner elften tribunizischen Gewalt, zum elften Mal zum Imperator ausgerufen, dreimaliger Consul, Proconsul, und Kaiser M. Aurelius Antoninus, Sohn des Lucius, frommer und glücklicher Augustus, in seiner sechsten tribunizischen Gewalt, Consul, Proconsul, Vater des Vaterlandes, den besten und stärksten Herrschern, wegen der Wiederherstellung des Staatswesens und der Erweiterung der Herrschaft des römischen Volkes, als Zeichen ihrer Tugenden (= Leistungen) zu Hause und im Felde: der Senat und das Volk von Rom« (CIL VI 1033).

Die jetzt sichtbare Inschrift ist verändert, da ursprünglich anstelle des Wortlautes *p. p., optimis fortissimisque principibus* der Name des P. Geta, Caracallas Bruder, stand. Da dieser aber wegen (angeblicher) Verschwörung gegen seinen Bruder von diesem selbst getötet worden war, wurde auch sein Anden-

Abb. 51
Septimius-Severus-Bogen auf dem Forum Romanum.

ken auf allen Monumenten offiziell getilgt (*damnatio memoriae*).

Dann erklärte Sagax in knappen Worten die Bedeutung des Bauwerks: Der aus Ziegeln und Travertin errichtete Bogen ist mit Marmor verkleidet, die Hauptseiten durch Säulen auf Marmorbasen gegliedert. Den Bogen krönt ein Viergespann aus Bronze. Neben Bildern des Mars und der Siegesgöttinnen über dem mittleren Bogen sowie einem Fries mit dem Triumphzug des Kaisers liegt natürlich das Gewicht der Darstellung auf den Kampfhandlungen gegen die Parther, geschildert auf vier großen Reliefs über den kleineren Bögen: (I) Aufbruch des Heeres, Kampfszenen, Ansprache des Kaisers an das Heer (*adlocutio*) und Befreiung der Stadt Nisibis; (II) Belagerung von Edessa, Unterwerfungsgestus des Königs Abgar von Osrhoene, erneute *adlocutio* des Kaisers, Kriegsrat des Kaisers und seiner Generäle; (III) Angriff des Kaisers auf Seleukia am Tigris, Übergabe der Stadt und Unterwerfung der Parther; (IV) Angriff auf Ktesiphon und Einnahme der Stadt, *adlocutio* vor den siegreichen Soldaten.

Nachdem Augustus ehedem durch Verhandlungen die Parther dazu gebracht hatte, die im Krieg gegen Crassus gewonnenen Feldzeichen an Tiberius zurückzugeben, und nachdem der Feldherr Domitius

Abb. 52
Augustus von Prima Porta.

Corbulo unter Nero einen ehrenvollen Frieden ausgehandelt hatte, war es Trajan gelungen, die Parther so zu schlagen, dass er nicht nur Ktesiphon, die Hauptstadt des Partherreiches, einnehmen, sondern auch die Tochter des Königs und den Thron nach Rom bringen konnte.

Auch L. Verus, der Mitherrscher des Marc Aurel, hatte erfolgreich gegen die Parther gekämpft. Aber das große Vorbild des Septimius Severus blieb Trajan, so dass er sogar die offizielle Einnahme Ktesiphons auf den 28. Januar 198 verschob, den Tag, an dem der von ihm verehrte Kaiser seinen Regierungsbeginn (*dies imperii*) feierte: der Kaiser als »zweiter Trajan« und damit wie dieser *optimus princeps* (»bester Herrscher«). Und so muss auch der Triumphbogen verstanden werden.

Zwischen Rostra und Severusbogen liegt ein zylindrischer Ziegelbau, der als *umbilicus Urbis*, als Nabel der Stadt bezeichnet wird. Dort befindet sich der *mundus*, der zentrale Ort des archaischen Roms, eine Grube, wo man einen Zugang zur Unterwelt vermutet: *mundus patet* = »die Unterwelt steht offen« heißen die Feste vom 24. August, 5. Oktober und 8. November.

Abb. 53
Umbilicus Urbis Romae, der ideelle Mittelpunkt der Stadt Rom.

Abb. 54
Saturntempel auf dem Forum Romanum.

Auf der anderen Seite steht der »Goldene Meilenstein« (*milliarium aureum*), eine marmorverkleidete Basis mit Säule, die seit Augustus (20 v. Chr.) den Ausgangspunkt aller Römerstraßen bezeichnet und die Entfernungen nach den größten Städten des Imperiums angibt.

Saturntempel

Bereits seit frühester Zeit lag unterhalb des Kapitols das Saturnheiligtum. Zunächst wohl nur ein Altar, soll er 498 v. Chr. geweiht worden sein, ist also nach dem kapitolinischen Tempel wohl der älteste zentrale Tempel Roms. Vergil sagt in seiner »Aeneis« (VIII 519): »Von des Olympus Höhen erschien der Erste, Saturnus, Juppiters Waffen entflohn, und verbannt nach entrissener Herrschaft [...]«, und die »Origo gentis Romanae« ergänzt (c. 3), dass die Ureinwohner jeden, der über besondere Kenntnisse verfügte, als »göttlich« verehrten: »So wurde von ihnen gerade dieser Saturnus für einen Sohn des Himmels und der Erde erklärt. [...] Saturnus erbaute in den Gegenden in der Nähe des Janiculus eine Burg, welche er nach sich Saturnia nannte [...] Saturn soll die Einwohner auch mit der Kunst, Erz zu stempeln und Münzen zu prägen, bekannt gemacht haben. Diese Münzen hatten auf der einen Seite den Kopf des Janus, auf der andern das Schiff, worauf Saturn nach Italien gekommen war. Daher lassen noch heutzutage die Spieler, wenn sie ihr Geld gesetzt und verdeckt haben, ihre Mitspieler raten, was unten liegt, Kopf oder Schiff, ein Spiel, das jetzt verballhornt *navia* heißt. Auch trägt noch jetzt der Tempel am Fuße des kapitolinischen Hügels, der zur Aufbewahrung des Geldes diente, den Namen der Schatzkammer des Saturnus.«

Auch dieser Tempel wurde mehrmals durch Brand in Mitleidenschaft gezogen und im Jahr 42 v. Chr. von Munatius Plancus vollständig wieder aufgebaut, desgleichen nach dem Brand unter Carinus 283 n. Chr. Am Saturntempel befindet sich das Aerarium, seit der Republik die Staatskasse, auch wenn sie später vom kaiserlichen Fiscus übertroffen wurde. Am Podium des Tempels werden die öffentlichen Bekanntmachungen angeschlagen, seit Caesar die *acta diurna*, eine Art Amtsblatt, das aber später zur reinen Propagandazeitung wurde.

Ganz in der Nähe stand ein Triumphbogen des Tiberius, den ihm der Senat im Jahr 20 n. Chr. gewidmet hatte.

Auf dem Forum befinden sich auch, wie Varro schreibt (Rerum rusticarum de agri cultura 1,4), in den Nischen einer Säulenhalle die zwölf vergoldeten Bildnisstatuen der Dei Consentes, »jene zwölf Götter, die am meisten für die Landwirtschaft zuständig sind«, sechs männliche und ebenso viele weibliche.

Direkt an das Tabularium (Archiv) angelehnt wurde ein auf Antrag Domitians vom Senat den vergöttlichten Kaisern Vespasian und Titus geweihter Tempel errichtet, 33 Meter lang und 22 Meter breit, zudem eine Reiterstatue des Kaisers. Domitian hatte diesen Tempel gewünscht, da er sich gerne als Sohn eines Gottes und Bruder eines Gottes sah (*divi Vespasiani filius, divi Titi frater*), was ihn auch veranlasste, sich von seinen Beamten als *dominus et deus* ansprechen zu lassen.

Tempel der Concordia

Neben diesem Tempel steht der viel ältere Concordiatempel. Er soll von Camillus gegründet worden sein, um die Wiedergewinnung der Eintracht zwischen Plebejern und Patriziern zu feiern, die 367 v. Chr. durch die Licinisch-Sextischen Gesetze erreicht worden war. L. Opimius ließ ihn 121 v. Chr. restaurieren als Dank für die wiedergewonnene Ruhe nach der Beseitigung des Caius Gracchus und seiner Anhänger, der gefährlichen Gruppierung (*factio*), von der Cicero sagt, sie habe das Volk gespalten: *divisit populum unum in duas partis* (De re publica 1,32).

Die Basilica Julia

Zwischen Saturn- und Dioskurentempel gelegen, nahm die Basilica Julia mit 101 Metern Länge und 49 Metern Breite die Stelle der 170 v. Chr. vom damaligen Zensor Ti. Sempronius Gracchus errichteten Basilica Sempronia ein. Mit ihren Ladengeschäften steht sie am Ort der ehemaligen Stadtvilla des Scipio Africanus (Livius 44,16,11). Der fünfschiffige Bau Caesars wurde vermutlich im Jahre 54 begonnen, aber erst von Augustus beendet. 9 v. Chr. brannte er vollständig nieder und wurde von Augustus im Namen seiner Adoptivsöhne Lucius und Caius Caesar

Abb. 55
Concordiatempel auf dem Forum Romanum.

wieder errichtet. Im Brand von 283 erneut beschädigt, ließ Diokletian die Basilica restaurieren. Sie war als Gerichtshalle konzipiert und konnte durch bewegliche Holztrennwände in verschiedene Räume unterteilt werden. Hier tagt auch das Centumviralgericht.

Die Pflasterung des Forums zeigt eingeritzte Spielfelder für Mühle, Dame, das sogenannte Soldatenspiel (*latrones*) und anderes, ein Beweis für die zahlreichen Müßiggänger an diesem Orte.

In diesem Viertel am Vicus Tuscus – »etruskisches Dorf« genannt vermutlich wegen der frühen Ansiedlung etruskischer Familien mit ihrem Gott Vertumnus – befindet sich auch der Tempel des vergöttlichten Augustus.

Tempel der Dioskuren

Etwas östlich des *vicus* steht der Tempel der Dioskuren. Auch er zählt zu den ältesten republikanischen Tempeln Roms. Als nach der Sage die aus Rom vertriebenen Tarquinier sich mit Hilfe der Latiner erneut der Stadt bemächtigen wollten, kämpften während der Schlacht am Lacus Regillus 499 v. Chr. auch zwei Jünglinge auf weißen Pferden für den Sieg der Römer. Anschließend tränkten sie ihre Pferde an der Iuturnaquelle und meldeten als Erste den Sieg in Rom. Man erkannte in ihnen die Zwillinge Castor und Pollux, und der damalige Diktator A. Postumius Albus Regillensis gelobte einen Tempel, den sein Sohn dann 484 v. Chr. weihte. Der an sich griechische Kult wurde vermutlich aus dem latinischen Lavinium übernommen. Aber auch Etrurien kannte die Verehrung der Dioskuren, die als *Tinas cliniiar* (= Söhne des Tin) unter den Namen Castur (Kastor) und Pultuce (Pollux) als »Nothelferpaar« auftraten, doch stammte der Kult aus dem unteritalischen Bereich der Magna Graecia.[8] Dass die Brüder im etruskischen wie im latinischen Bereich verehrt wurden, ermöglichte es den damals für die Kulte zuständigen Patriziern, den Tempel nach etrurischem Vorbild innerhalb des Pomeriums am Forum selbst anzusiedeln. 117 v. Chr. ließ L. Caecilius Metellus Dalmaticus den Tempel neu errichten, der danach von dem berühmt-berüchtigten Verres restauriert wurde. Als er 12 v. Chr. erneut abbrannte, ließ ihn Tiberius im Jahr 6 n. Chr. unter Verwendung älterer Reste am gleichen Ort erstellen. Das Podium des Tempels wurde zugleich als Rednerbühne konzipiert, hier werden Gesetze verkündet; im Gebäude selbst, das auch das Eichamt beherbergt, finden zudem Senatssitzungen statt. Interessanterweise finden sich im Podium eingebaut kleine Geschäftsräume der Bankiers (*argentarii*).

Quelle der Juturna

Nahe dem Dioskurentempel befindet sich die bereits erwähnte Juturnaquelle. Der Name Juturna ist möglicherweise latinisch, da eine derartige Quellnymphe ebenfalls in Lavinium verehrt wird, wo man die von Aeneas aus Troja geretteten Penaten bewahrt. Die Übernahme des Kultes nach Rom führte dazu, dass das Wasser für alle heiligen Staatshandlungen der Juturnaquelle entnommen wurde (Servius 12,139). Sex. Julius Frontinus, der sich als *curator aquarum* von Amtes wegen mit der Wasserversorgung Roms beschäftigte, schreibt (De aeqae ductu 4): »441 Jahre lang nach der Gründung der Stadt (= bis 312 v. Chr.) waren die Römer mit der Verwendung des Wassers zufrieden, das sie aus dem Tiber, aus Brunnen oder Quellen schöpften. Die Erinnerung an die Quellen besteht bis heute und wird mit religiöser Verehrung gepflegt: Man glaubt, dass sie Erkrankten Gesundheit bringe, wie zum Beispiel die Quelle der Camenae[9], des Apollo und der Iuturna.«

Die Quelle ist in einem Marmorbecken gefasst, das 117 v. Chr. Caecilius Metellus Dalmaticus zusammen mit dem Dioskurentempel erneuerte. In der Mitte des Beckens befindet sich eine Basis, die die Statuen des göttlichen Brüderpaares trägt. Auch diese Anlage wurde vermutlich von Tiberius im Jahre 9 n. Chr. restauriert. An der Quelle selbst finden jährliche Opfer statt, um eine drohende Wasserknappheit abzuwenden.[10]

Südlich der beiden Bauten, das heißt Dioskurentempel und Juturnaquelle, ließ Domitian eine überwölbte Verbindung zwischen Forum und Palatin erstellen, dessen Frontseite zum Forum hin eine Porticus besitzt. Auf der Seite zum Vicus Tuscus ließ Hadrian später Läden (*tabernae*) einrichten. Im Osten schließt sich eine Art Atrium an, durch das man in einen mit Porticen umgebenen Hof gelangt. Die Anlage war das von Hadrian konzipierte Athenaeum, eine »Universität«, die die domitianischen Bauten mitbenutzte (*Sta. Maria Antiqua*).

Südlich des Vicus Tuscus, im sogenannten Velabrum, hatte Agrippa Getreidespeicher errichten lassen, die Horrea Agrippae, ein großes Geviert, in dessen Mitte ein Verwaltungsgebäude liegt.

Abb. 56
Die Juturnaquelle auf dem Forum Romanum.

Tempel des Divus Julius

Den östlichen Abschluss des Forum Romanum bildet der Tempel des Divus Julius. Nach seiner Ermordung in der Curia des Pompejus hatte M. Antonius das Testament Caesars dem erschrockenen Volke präsentiert; so sahen sich die Caesarmörder veranlasst, auf das Kapitol zu fliehen. Auf dem Forum wurde ein vergoldetes Modell des Tempels der Venus Genetrix, der Stammmutter der Julier vorgestellt. Darin befanden sich ein Elfenbeinstuhl, wie er den Königen der Frühzeit zukam, sowie die blutgetränkten Kleider des Ermordeten. Von der Rednertribüne herab verlas Antonius den alten Senatsbeschluss, der Caesar göttliche Ehren zugestanden hatte. Während man darüber diskutierte, ob man den Leichnam im Innern (*cella*) des Tempels des Iuppiter Capitolinus oder in der Curia Pompei, dem Ort des Verbrechens, verbrennen sollte, »legten plötzlich zwei mit Schwertern gegürtete und Speere tragende Unbekannte mit brennenden Kerzen Feuer, und sofort trugen die Umstehenden trockene Zweige, Richterbänke und was ferner an Leichengeschenken vorhanden war, zusammen« (Sueton, Divus Julius 84).

»Wenn man sich die Lokalität des Geschehens vergegenwärtigt«, erläuterte Sagax, »so ist klar, dass hier die Dioskuren im Auftrag der Götter die Initiative ergriffen hatten, den großen Feldherrn, der mit den Göttern verwandt war, mitten in Rom mit Blick auf das Kapitol zu verbrennen! Anschließend wurde eine Gedenksäule errichtet, gewidmet dem ›Vater des Vaterlandes‹ (*parens patriae*), die aber später dem Tempel des Divus Julius weichen musste.«

Templum Vestae und Atrium Vestae

Hinter der Regia zwischen Via Sacra und Via Nova liegt der Gebäudekomplex der Vesta und der Vestalinnen. Der Kult geht der Sage nach auf Numa Pompilius zurück, der ihn auf Geheiß der Nymphe Egeria aber außerhalb des romuleischen Pomeriums eingerichtet haben soll (Dionysios von Halikarnass, Antiquitates 2,66–68). Damit steht er zeitlich in Verbindung mit dem frühen Bau der Regia. Interessanterweise ist der Vestatempel kein »inaugurierter« Tempel, das heißt, Ort und Bau wurden nicht nach Befragen der Götter bestimmt. Der Vestatempel war der Göttin des Herdfeuers gewidmet, ein Rund-

Abb. 57
Rekonstruktion des Divus-Julius-Tempels (Aquarell von Peter Connolly).

Abb. 58
Vestatempel auf dem Forum Romanum.

Abb. 59
Rekonstruktion des Hauses der Vestalinnen auf dem Forum Romanum (Aquarell von Peter Connolly).

tempel ähnlich dem auf dem Forum Boarium. Dahinter liegt das großzügige Gebäude der Vestalinnen (Atrium Vestae), einer weiblichen Pristerschaft, die zuständig ist für den Unterhalt des »ewigen Feuers«.

Sie entstammen alle patrizischen Familien und werden mit etwa 12 Jahren, das heißt vor Eintritt der Pubertät, der Vorsteherin der Gemeinschaft, der *virgo maxima Vestalis*, anvertraut und bleiben 30 Jahre »im Dienst«. Über irgendwelche besonderen Voraussetzungen, Vestalin zu werden, außer körperlicher Makellosigkeit, sind wir kaum informiert. Sie sind zur Keuschheit verpflichtet und unterstehen dem *pontifex maximus*, der nach römischer Vorstellung den »Hausvater« vertritt. Wird eine mit einem Liebhaber erwischt, so wird sie lebendig in einer Kammer auf dem Quirinal nahe der Porta Collina eingemauert, ihr Liebhaber auf dem Comitium mit Ruten zu Tode gepeitscht. »Eigentlich«, so bemerkte Sagax süffisant, »gab es nur zwei Vestalinnen, die dieser Strafe entgangen sind: Die erste war Rea Silvia, die Mutter von Romulus und Remus, weil sie mit Mars, also einem Gott, Umgang hatte, die andere war die hochedle Claudia. Sie war der Unkeuschheit (*incestus*) bezichtigt worden gerade zu dem Zeitpunkt, da das Schiff mit der Statue der Magna Mater aus Kleinasien kommend im Tiberschlamm stecken geblieben war. Da verkündete sie, dass sie, so wahr sie keusch geblieben sei, das Schiff allein wieder flott machen werde. Und siehe da: Die Magna Mater half ihre Unschuld zu beweisen (Sueton, Vita Tiberii 2,3). Im Übrigen waren aber die Claudier dafür bekannt, dass sie nie besonders keusch gewesen sind.«

Die Vestalinnen sind besonders privilegiert, dürfen Geschenke und Spenden annehmen, ja sogar in Rom mit dem Wagen fahren, haben eigene Plätze im Theater, und wenn ein zum Tode Verurteilter einer von ihnen zufällig begegnet, darf er an diesem Tage nicht hingerichtet werden.[11] Außerdem darf mit Ausnahme des *pontifex maximus* kein Mann ihr Haus betreten, so dass es als beliebter Ort galt, sein Testament zu hinterlegen. Nur Augustus hatte (mit Zustimmung der obersten Vestalin!) das Testament seines Rivalen Marc Anton aus dem Depot holen lassen, um es dann im Senat zu verlesen. Antonius machte darin seine Kinder von Kleopatra zu Erben von ganzen Provinzen, wollte sogar neben ihr in Alexandria bestattet werden. Er, der zuvor mit Octavia, der Schwester des Augustus verheiratet war, hatte diese zugunsten der »Ägypterin«, die er sowieso nicht heiraten durfte, verstoßen. Das Ergebnis ist bekannt: Augustus und der Senat erklärten Kleopatra den Krieg, sie und Antonius unterlagen in der Seeschlacht bei Actium, und der spektakuläre Selbstmord der Königin ist heute noch in aller Munde.

Ursprünglich war der Rundtempel in strenger Nord-Sud-Richtung angeordnet und stand auf einem Podium von etwa 15 Metern Durchmesser. Nach späteren Umbauten erhielt die Anlage eine Nordwest-Südost-Richtung, also auf die Achse des Forums ausgerichtet. Die größten Umbauten erfolgten unter Trajan und dann den Severern auf Veranlassung von Julia Domna. Aus dieser und der nachfolgenden Zeit stammen auch die in der Porticus errichteten Statuen und Inschriftenbasen der Obersten Vestalinnen.

Der Rundtempel ist von einer Mauer umgeben und mit dem Haus der Vestalinnen verbunden. Dort steht der Altar der Vesta, aber kein Standbild der Göttin. In diesem Tempel wird auch das Palladium aufbewahrt, ein weibliches Idol mit Speer und Schild, das Aeneas aus Troja mitgebracht haben soll. Außerdem gibt es in dem Tempel noch die *penus Vestae*, eine Art Vorratsraum für Opferbrote, der jedes Jahr am 15. Juni, dem Fest **Q***(uando)* **S***(tercum)* **D***(elatum)*, gereinigt werden muss. Das heilige Feuer der Vesta muss jedes Jahr am 1. März, also dem frühzeitlichen Jahresanfang, neu entfacht werden (Ovid, Fasti 3,143ff.).

Das Atrium Vestae ist zweistöckig um einen großen Hof mit Porticus angelegt, dahinter liegen die Zimmer der Vestalinnen. Ihr Haus war für alle Bedürfnisse eingerichtet, mit Schlafräumen, beheizten Bädern, Räumen für die Dienerschaft, einer Küche und einer eigenen Bäckerei, denn die Vestalinnen backen das für die staatlichen, aber auch privaten Opferzeremonien benötigte Opferbrot (*mola salsa* = Speltbrot).

Templum Antonini et Faustae

Nördlich der Regia steht im Anschluss an die Basilica Aemilia der Tempel des vergöttlichten Antoninus Pius und seiner Gattin Fausta (*San Lorenzo*). Im Jahre

Abb. 60
Tempel des Antoninus und der Faustina.

141 vom Senat für Fausta gestiftet, wurde er nach dem Tod des Kaisers zum Doppeltempel umgewidmet. Die Fassade des Tempels besteht aus sechs 17 Meter hohen Marmorsäulen mit korinthischen Kapitellen, davor steht der gemauerte Altar.

Rechts vor dem Tempel befand sich ein großes archaisches Gräberfeld, dessen frühe Belegung bis in die Eisenzeit reicht und dessen jüngstes Grab aus dem siebten Jahrhundert v. Chr. stammt. Dies zeigt, dass das Forum zunächst als Begräbnisstätte benutzt wurde, bis es durch die Trockenlegung zum öffentlichen Platz werden konnte. Interessant sind die dort gefundenen Aschenurnen in Hausform, die mit ihrer ovalen Grundform und ihrem Satteldach ein gutes Bild früher Wohnbauten bieten und an die benachbarten tuskischen Bauten erinnern.

Titusbogen

Der obere Abschnitt der Via Sacra, der Clivus Sacer, wird vom Triumphbogen des Titus begrenzt, errichtet auf dem Niveau des Neronischen Brandes. Seine in vier Zeilen gegliederte Inschrift lautet: *Senatus* | *populusque Romanus* | *divo Tito divi Vespasiani f(ilio)* | *Vespasiano Augusto* = »Der Senat und das Volk von Rom dem vergöttlichten Kaiser Titus Vespasianus, Sohn des vergöttlichten Vespasian«.

Da die Inschrift Titus als »vergöttlicht« anspricht – Titus starb im Jahr 81 n. Chr. –, wurde der Bogen unter seinem Bruder und Nachfolger Domitian errichtet. Der Bogen – 13,5 Meter breit, 15,4 Meter hoch und 4,75 Meter tief – besteht aus nur einem Durchgang und ist auf jeder Seite durch vier Halbsäulen gegliedert. Er wurde zu Ehren des siegreich beendeten Judäischen Krieges gebaut, ist also mit der Göttin Roma, dem Genius der Römer und Siegesgöttinnen mit Feldzeichen geschmückt. Ein kleiner Fries auf der Ostseite zeigt den gemeinsamen Triumphzug des Vespasian und Titus im Jahr 71. Interessanter sind die Reliefs des Durchgangs: So zeigt die Südseite den Festzug beim Durchschreiten

Abb. 61
Titusbogen auf dem Forum Romanum.

der Porta Triumphalis sowie den Zug mit der Beute aus dem Judäischen Krieg, der sich auf das Stadttor zubewegt:

Auf Gestellen (*fercula*) werden der siebenarmige Leuchter getragen sowie die silbernen Trompeten, die zur Tempelzeremonie gehören. Soldaten tragen Schilder mit den Verzeichnissen der eroberten Städte und Festungen.

Die Nordseite zeigt die Quadriga, den Triumphwagen des Titus, dem die Lictoren mit den Rutenbündeln voranschreiten. Die Göttin Roma selbst führt die Zügel der Pferde, die Victoria hält den Siegeskranz über das Haupt des Titus. »Eigentlich«, so erklärte Sagax, »sollte ja hinter dem Triumphator, der im Gewand des Jupiter und rot eingefärbtem Gesicht auf einem von Schimmeln gezogenen Wagen fährt, sein Sklave stehen, der dem Sieger ins Ohr flüstert: ›Bedenke, dass du sterblich bist!‹, aber hier ist Titus ja schon ein Gott. Deshalb ist er in der Mitte der Bogenwölbung dargestellt, wie er von den

Abb. 62
Titusbogen, Triumphzug mit dem siebenarmigen Leuchter des Salomonischen Tempels.

Abb. 63
Titusbogen, Triumphzug.

Schwingen des Adlers des Zeus zum Himmel getragen wird. Übrigens: So spektakulär der Sieg über die Juden, die Einnahme Jerusalems und vor allem die Eroberung der Bergfeste Masada war, die Juden ließen sich nur kurze Zeit beeindrucken. Sie glauben an einen politischen Messias vergleichbar den Makkabäerbrüdern, die zur Zeit des Antiochos IV. (164 v. Chr.) lebten, und von Zeit zu Zeit erklärt einer, dass er der erwartete Befreier sei. Der letzte bedeutende war Bar Kochba, den dann Kaiser Hadrian besiegte und den Juden schließlich verbot, Jerusalem weiterhin zu besuchen. Ein Großteil der Bevölkerung, der überhaupt den Kampf überlebte, musste die Stadt verlassen, wurde versklavt, so dass die Juden jetzt überall im römischen Imperium anzutreffen sind als Händler, Bankiers, Gelehrte, Ärzte und davon träumen, Jerusalem wieder zu besitzen.

Ganz in der Nähe des Titusbogens steht ein Gebäude, das als Gasthof dient; allerdings kann man dort außer Essen und Trinken auch die Bedienung selbst bekommen, so dass es sich von einem Bordell (*lupanar*) kaum unterscheidet.«

Tempel der Venus und der Roma

Nahe dem Kolosseum, dem Amphitheatrum Flavium, steht der riesige, von Hadrian persönlich entworfene und im Jahr 135 geweihte Tempel der Venus und Roma. Er steht an der Stelle des zuvor zugeschütteten Atriums der »Domus Aurea« Neros und besitzt ein Podium von 145 × 100 Metern. Sagax erzählte Julius Primus, der Historiker und Senator Cassius Dio habe in seiner »Römischen Geschichte« geschrieben (69,4,4), dass, als Hadrian diesen Entwurf dem Stararchitekten Trajans, Apollodorus von Damaskus zeigte, dieser nicht nur kritisierte, dass der Tempel zu tief stehe, sondern dass die vorgesehenen Sitzstatuen so überdimensioniert seien, dass sie beim Aufstehen nicht durch die Tempelpforte passen. Hadrian habe daraufhin Apollodor voll Zorn töten lassen. »Hadrian scheint also leicht zu kränken gewesen zu sein, und der Senat mochte ihn nicht.«

Der Tempel mit den beiden Göttinnen ist das größte Heiligtum der Stadt, besteht aus zwei mit der Rückfront aneinanderstoßenden Cellae und ist mit einer Balkendecke versehen.[12] An den Längsseiten des Podiums steht eine doppelte Säulenreihe aus Granit zur Begrenzung des heiligen Bezirks (*S. Francesca di Roma*).

Die Kaiserforen

Bereits C. Julius Caesar hatte, um Rom den Aspekt einer Hauptstadt zu verleihen, 54 v. Chr. mit dem Bau eines neuen, repräsentativen Forums begonnen. Augustus setzte die Arbeit fort, Domitian begann das von Kaiser Nerva geweihte Forum Transitorium, bis schließlich der Architekt Apollodorus von Damaskus die großartige Anlage des Trajansforums entwarf. Bezug zum Forum hatte auch der »Friedenstempel« (Templum Pacis), den Kaiser Vespasian errichten ließ.

Das Caesarforum

M. Tullius Cicero schrieb im Jahr 54 v. Chr. an seinen Freund Atticus, dass er im Auftrag Caesars – aber auch um eigener Investition willen – Privathäuser aufkaufe, um so Platz für die neue Anlage zu schaffen: »So haben Caesars Freunde – das heißt ich und Oppius, du magst dich ärgern – für das Bauvorhaben, für das du schon immer so begeistert warst, die Erweiterung des Forums und seine Ausdehnung bis zum Libertasheiligtum, die Kleinigkeit von 60 Millionen Sesterzen aufgewendet; für weniger Geld konnten wir mit den privaten Eigentümern nicht handelseinig werden« (Ad Atticum 4,17 [16],8).

Hinter dem Forum Iulii verläuft entlang des Kapitols in einer terrassenförmigen Rampe der Clivus Argentarius (»Geldwechslerstraße«). Über eine Travertintreppe gelangte man zum Forum hinab, wo sich auch eine halbrund gebaute beheizte öffentliche Latrine befindet. Das Forum selbst bedeckt eine Fläche von 160 × 75 Metern, war auf drei Seiten mit einer doppelten Säulenreihe eingefasst und besaß an der Südseite Tavernen. In der Mitte des Forums stand eine Reiterstatue Caesars. Die ganze Anlage wurde unter Trajan restauriert, so dass der ursprüngliche Bau nur noch schwer erkennbar ist.

Fast alle Kaiser haben später Caesar durch ähnliche Anlagen kopiert und in den Dimensionen übertroffen.

Basilica Argentaria

Die »Geldwechslerbasilika« steht an einem Ausläufer des Kapitols und ist erst seit Trajan leicht zugänglich. Bestehend aus einer doppelten Pfeilerreihe und einer hohen Rückwand aus Ziegeln, ist sie von einem Tonnengewölbe eingedeckt. Die Basilica dient auch als Unterrichtsraum.

▲ **Abb. 64**
Rekonstruktion der Kaiserforen auf dem Forum Romanum (Aquarell von Peter Connolly).

Tempel der Venus Genetrix

Dieser Tempel wurde 48 v. Chr. nach der Schlacht bei Pharsalus beschlossen und bildete damals den optischen Höhepunkt der Forumsanlage. Er liegt am Ende der Achse des Forums auf einem Podium mit zwei kleinen Brunnen, den Zugang ermöglichten zwei seitlich in das Podium eingetiefte Marmortreppen. Die überwölbte Cella war seitlich mit Säulen geschmückt, die Wände ließ später Trajan mit plastischen Reliefs versehen. In der Apsis der Cella steht eine von Archilochos geschaffene Statue der Venus Genetrix, der Stamm-Mutter der Julier. Es ist der früheste Tempel mit einer Apsis. Dort befand sich vormals auch eine vergoldete Bronzestatue der Kleopatra sowie ein von Caesar für 80 Talente gekauftes Gemälde, das Ajax und Medea zeigt, gemalt von Timaios von Byzanz. Auf dem Podium des Tempels sitzend wie ein König hatte Caesar laut Sueton den Senat empfangen.

Vor dem Tempel wurde später eine Kolossalstatue des Tiberius aufgestellt, die ihm vierzehn kleinasiatische Städte als Dank für Unterstützung nach einem Erdbeben in den Jahren 17 und 23 n. Chr. gestiftet hatten.

Augustusforum

Das Forum des Augustus war als Erweiterung des Caesarforums gedacht, für das Augustus Geld aus der Kriegsbeute zur Verfügung stellte. Vor allem sollte es den repräsentativen Auf- und Umzügen, zum Beispiel Triumphzügen, dienen. Eine großartig gestaltete Mauer grenzt seine Anlage gegen die Subura ab.

Der Höhenunterschied zwischen Forum, Quirinal und Esquilin wurde durch eine repräsentative Treppe ausgeglichen. Die Forumsanlage ist 125 Meter lang und 118 Meter breit. Man betritt sie von Norden durch einen Säulengang, der ein hohes Atticageschoss trägt, geschmückt mit Kopien der Korenhalle des Athener Erechtheions. Hinter dem Säulengang liegen halbrunde Exedren, so dass die Anlage absolut symmetrisch wirkt. In den Nischen der Säulenhallen stehen Statuen teils aus Marmor, teils aus vergoldeter Bronze, die den Persönlichkeiten der Frühzeit und Republik gewidmet sind, beginnend mit Aeneas und dessen Sohn Ascanius = Iullus, also den »Vorfahren« des Augustus. Aber auch die Könige von Alba Longa, der »Vorgängerstadt« Roms und Heimat der Julier, sind dargestellt, schließlich natürlich Romulus. Man findet die Verdienste der bedeutenden Männer (*summi viri*) auf den Sockeln verzeichnet und sogar der schlussendlich als Staatsfeind behandelte Germanenbesieger Marius wurde so geehrt, da er ja die Schwester Caesars geheiratet hatte und damit »zur Familie« zählte.[13] Die ideologische Absicht war eindeutig: es waren Persönlichkeiten, die vor der alle überragenden Leistung und Stellung des Augustus (*ante me principem*) dem Staat gedient hatten. In der Mitte des Forums stand eine Statue des Augustus im Triumphwagen.

Templum divi Iulii

Augustus weihte den im korinthischen Stil errichteten Tempel am 18. August 29 v. Chr. Das Podium des Tempels war ursprünglich an der Stelle, wo die Leiche des Diktators verbrannt worden war, halbkreisförmig gestaltet, aber Augustus ließ die Stelle zu einer Art Rostra umbauen. Der Tempel ist durch zwei seitlich angeordnete Treppen zugänglich, in seiner Cella befindet sich die vergoldete Statue des Diktators mit dem Stern (*sidus Iulium*) über der Stirn, dem Zeichen der Vergöttlichung (*consecratio*), also

Abb. 65
Rekonstruktion des Augustusforums (nach einer Zeichnung von Georg Rehländer).

Aufnahme unter die Götter (*in numerum deorum relatus*). So bezeichnete sich Augustus als *divi Iuli filius*, oder kurz *Divi filius*. Zudem wurde der Tempel mit seinen beiden seitlichen Porticen so aufgestellt, dass er die hinter ihm liegende Regia, den Amtssitz des *pontifex maximus* Caesar, fast mit einbezog.

Arcus Augusti

Rechts neben dem Tempel des Divus Iulius steht der Augustusbogen (*arcus Augusti*) mit seinen drei Durchgängen, mit dem der Senat im Jahre 19 v. Chr. die Rückgabe der Feldzeichen an Augustus (und Tiberius) feierte, die Crassus im Jahre 55 v. Chr. bei Carrhae gegen die Parther eingebüßt hatte. Er ersetzte den 29 v. Chr. errichteten »Actium-Bogen« (Sieg über Kleopatra und Marc Anton). Der mittlere und höhere Durchgang sind mit einem Viergespann des Augustus gekrönt. Augustus, der sich als Wieder hersteller der staatlichen Freiheit vorstellte (*restitutor libertatis*), ließ an diesem Bogen die Namen aller früheren Konsuln (*fasti consulares*) und Triumphatoren (*fasti triumphales*) eingravieren, also alle seine »Vorgänger«.

Tempel des Mars Ultor

Nach dem Mord an Caesar und der Schlacht bei Philippi im Jahr 42 v. Chr. gelobte Augustus einen Tempel für den »rächenden Mars« (Mars Ultor), der schließlich 2 v. Chr. eingeweiht wurde. Auch Augustus erwarb den dafür vorgesehenen Platz von Privatleuten, übte aber diesmal keinen Druck aus, da ihm dies als Makel aus seiner Zeit als Triumvir noch anhaftete. Das Podium, aus Tuffquadern errichtet, wurde mit Marmor verkleidet, vor dem Tempel selbst steht der Altar, zu beiden Seiten kleine Brunnen. Front und Längsseiten des Tempels sind mit 15 Meter hohen Marmorsäulen geschmückt, das Innere zeigt eine Kassettendecke. In der mit einer Apsis versehenen Cella stehen die Kultbilder Mars, Venus und Caesar, also die »Familiengötter« des Augustus, und in einem Sonderraum wurden die von den Parthern dem Augustus zurückgegebenen Feldzeichen niedergelegt. In diesem Tempel sollte hinfort der Senat über Krieg und Frieden befinden, von hier sollten die Provinzgouverneure in ihre Amtsbereiche abreisen (Sueton, Augustus 29,2).

Zu beiden Seiten des Tempels ließ später Tiberius für seinen Sohn Drusus beziehungsweise seinen Adoptivsohn Germanicus Ehrenbögen errichten.

Forum Transitorium

Vom Augustusforum führte Sagax seinen Gast zu dem von Domitian begonnenen, jedoch erst von Nerva im Jahr 97 beendeten Forum. Da Domitian nach seinem Tode der offiziellen Tilgung seines Andenkens (*damnatio memoriae*) anheim gefallen war, wurde die Bezeichnung »Forum Domitiani« zu Gunsten von »Forum Nervae« vermieden beziehungsweise der Name »Forum Transitorium« gebräuchlich. Das Forum verbindet als Durchgang das republikanische, das Caesarische und das Augustusforum mit dem von Vespasian errichteten Templum Pacis. Dieses »eingeschobene« Durchgangsforum ist 120 Meter lang, aber nur 45 Meter breit und wird im Nordosten vom Tempel der Göttin Minerva, der persönlichen Schutzgottheit Domitians, begrenzt. Das umfriedete Areal ist innen mit einer Säulenreihe gegliedert, die Schmalseite zum Forum Romanum beziehungsweise zur Basilica Aemilia hin gebogen. Unter dem Forum – links neben dem Tempel – verläuft die Cloaca Maxima. Später ließ Kaiser Alexander Severus den Forumsplatz mit Statuen von Kaisern – beritten oder zu Fuß – schmücken. Hinter dem Minervatempel ist der Abschluss des Forums als hufeisenförmige eingezogene Exedra gestaltet, die sich zur Subura hin öffnet.

Das Trajansforum

Von hier wandte sich Sagax zu dem monumentalen Forum, das Kaiser Trajan zwischen 107 und 113 n. Chr. errichten ließ. Das Geld, so erläuterte Sagax, stammte zum größten Teil aus der Beute der Dakerkriege. Da nach der Bau- und Verschwendungswut des Domitian Staatssäckel (*aerarium*) wie kaiserliche Kasse (*fiscus*) leer waren, fragte man sich, ob Trajan nicht die Kriege gegen die Daker jenseits der Donau geführt hatte, um an das berühmte Dakergold heranzukommen. Immerhin hatte Domitian behauptet, selbst schon die Daker besiegt zu haben.

Das Forum dehnt sich, eingebettet zwischen Kapitol und Quirinal, vom Augustusforum bis fast zum Marsfeld, wofür sogar ein Ausläufer des Quirinals abgetragen werden musste; auch ein Stück der altehrwürdigen Servianischen Mauer wurde niedergelegt. Trajan beauftragte für diese Anlage den berühmten Architekten Apollodorus von Damaskus, der ihm bereits im Dakerkrieg von Nutzen gewesen war und am Eisernen Tor eine Brücke errichtet hatte.

Abb. 66
Trajansforum mit den trajanischen Märkten.

Das Forum, ca. 300 Meter lang und 185 Meter breit, wurde 112 eingeweiht, die große Siegessäule jedoch erst 113 errichtet. Wegen der erheblichen Höhenunterschiede wurde das Forum terrassenförmig angelegt, sein Zugang – eine konvexe Eingangsmauer – lag am Augustusforum. Dieser Zugang wurde in fünf vertikale Abschnitte gegliedert, aber nur der mittlere Abschnitt ist als Durchgang gestaltet, die übrigen Scheindurchgänge beherbergen Statuen, die gefangene Daker darstellen. Darüber befinden sich die runden Porträtbilder (*imagines clipeatae*) der führenden Generäle des Krieges. Dargestellt ist natürlich auch der Kaiser im sechsspännigen Triumphwagen, umgeben von Trophäen und Siegesgöttinnen. Hinter dem monumentalen Eingang öffnet sich ein riesiger, säulenumstandener Platz, in dessen Mitte die Reiterstatue des Kaisers steht.

Zu beiden Seiten des Platzes befindet sich je eine riesige halbkreisförmige Exedra. Sie sind überwölbt und mit Marmor gepflastert und dienen auch als Unterrichtsräume: Viele bedeutende Lehrer unterrichten ihre Schüler nach griechischer Manier entweder in Säulenhallen, auf- und abgehend (Peripatetiker), oder in den Exedren, wofür sie eine spezielle Erlaubnis benötigen. »Bei entsprechender Bildung kann man sich an den Diskussionen, die in der Art der Platonischen Akademie oder der Stoa gehalten werden, beteiligen«, vermerkte stolz der belesene Sagax. Auch Juristen unterrichten dort ihre Schüler in den verschiedenen Lehrmeinungen, da erst unter den Severern mit Plautian und Paulus die großen Rechtskommentare entstanden, die bis heute Gültigkeit besitzen.

Auf dem Forum stehen in Nischen die Statuen der früheren Kaiser und deren Angehörigen, also eine Art Fortsetzung des Anlage des Augustus bis in die eigene, trajanische Zeit: Das Trajansforum soll also als Höhepunkt des Kaisertums, des Prinzipats, gesehen werden.

Den Abschluss des Platzes bildet die quergelagerte Basilica Ulpia. Trajans Architekt orientierte sich bei dieser Anlage an den Principia des klassischen Legionslagers, da Trajan ja der Militärkaiser war, der Erweiterer des Reiches (*auctor imperii*). »Allerdings«, so bemerkte Sagax, »war die Ausdehnung und die damit verbundene militärische Anstrengung so groß, dass sein Nachfolger Hadrian einige Provinzen im Osten wieder aufgeben und stattdessen die Limesanlagen des Domitian verstärken musste – was ihm der Senat übel vermerkte.«

Die Basilica ist mit ihren 170 Metern Länge – davon je 25 Meter die halbkreisförmigen Apsiden – und 60 Metern Breite die größte, die je in Rom gebaut wurde. Ihre Fassade ist in drei Abschnitte mit drei Eingängen gegliedert, die Attica mit einem umlaufenden Fries geschmückt,[14] der Giebel zeigt Abzeichen der am Dakerkrieg beteiligten Legionen. Der Innenraum wurde durch Säulenreihen gegliedert und bietet so einen würdigen Rahmen für Gerichtsverhandlungen, offizielle Freilassungsakte (*manumissio*) vor dem Praetor oder Spenden des Kaisers an das Volk. »Solche Geldspenden werden *liberalitates* (Großzügigkeiten) genannt, da sich, boshaft gesprochen, die Freiheit (*libertas*) ja bekanntlich nach dem Vermögen richtet. Übrigens stellt die Basilica Ulpia einen Ersatz für das alte Atrium Libertatis dar, das für diese Anlage abgerissen werden musste.«

Die kleineren, an die Basilika angeschlossenen Bibliotheken dienten dazu, das Archiv aufzunehmen, je eine lateinische und eine griechische Abteilung. Die Eingaben und Anfragen erfolgten entweder in lateinischer oder – vor allem aus dem Osten – in griechischer Sprache, die offiziellen Antworten jedoch in Latein, das nach Bedarf ins Griechische übersetzt wurde. Die berühmte Korrespondenz zwischen Trajan und seinem Freund Plinius dem Jüngeren, der als Gouverneur in der Doppelprovinz Pontus-Bithynien amtierte, ist lateinisch und als Musterkorrespondenz aufbewahrt. Die Bibliothek ist mit einer zweistöckigen Säulenreihe versehen, mit Umgang und Nischen für die Schriftregale.

Trajanssäule

Inmitten der Bibliotheksanlage steht die Trajanssäule auf einem würfelförmigen Marmorsockel. Er ist geschmückt mit Reliefs dakischer Waffen, und an den vier Ecken sitzen Adler, die in ihrem Schnabel Girlanden halten. Auf der zur Basilica weisenden Seite liegt der Eingang zu einer in den Stein eingearbeiteten Wendeltreppe, die bis in die Spitze der aus siebzehn Marmorzylindern zusammengesetzten Säule führt. Über der Eingangstür halten zwei Victorien eine Inschrifttafel, die Sagax seinem Begleiter Julius Primus vorlas: *Senatus Populusque Romanus | Imp(er-*

Abb. 67
Basilica Ulpia (Gerichts- und Zeremonienhalle) im Trajansforum.

atori) Caesari, divi Nervae f(ilio), Nervae | Traiano Aug(usto) Germ(anico) Dacico pontif(ici) | maximo, trib(unicia) pot(estate) XVII, imp(eratori) VI, co(n)s(uli) VI, p(atri) p(atriae) | ad declarandum quantae altitudinis | mons et locus tant[is oper]ibus sit egestus = »Der Senat und das römische Volk dem Kaiser Caesar Nerva Traianus, dem Sohn des vergöttlichten Nerva, dem Germanen- und Dakersieger, dem obersten Priester, zum siebzehnten Mal mit der tribunizischen Gewalt ausgestattet, zum sechsten Mal Triumphator, zum sechsten Mal Consul, um zu zeigen, welche Höhe der Berg hatte, der unter so vielen Mühen abgetragen wurde« (CIL VI 960). Sagax und Julius Primus legten also den Kopf in den Nacken, um sich die Höhe des abgetragenen Hügels zu vergegenwärtigen: Säulenschaft und Basis besitzen eine Gesamthöhe von 39,83 Metern, davon 29,78 Meter (100 Fuß) die Säule, die eine Statue des Kaisers krönt.

Der Sockel der Säule wurde als Altar gestaltet, um die goldene Aschenurne des Kaisers aufzunehmen. »Eigentlich«, vermerkt Sagax, »ist es nicht gestattet, sich innerhalb des Pomeriums bestatten zu lassen, und Kaiser Hadrian hat später noch einmal die Beerdigung in der Stadt unter Strafe gestellt (Digesta 47,12,3,5). Aber der aus Spanien stammende Trajan war beim Senat so beliebt, dass er dies wagen konnte, zumal das Grabmal sehr nahe an der Pomeriumsgrenze steht. Hadrian hingegen erbaute das seine wieder außerhalb dieser Grenze.«

Die Trajanssäule zeigt nach Art einer Buchrolle den gesamten Dakerfeldzug in fortlaufenden Bildern, spiralförmig abgerollt (*columna cochlea*). Zwei Siegesgöttinnen schreiben den von Trajan selbst verfassten Tatenbericht, der an die »Commentarii« erinnert, die an den Senat gerichteten Kriegsberichte – so etwa die Berichte Caesars über den Gallischen Krieg. Sie werden in der Bibliothek aufbewahrt und dienten dem Historiker und General Marius Maximus als Vorlage für dessen Geschichtsschreibung. Die farbig gefassten Szenen sind von einer Säulengalerie und den Terrassen her recht gut zu erkennen. Leider ist der Künstler dieser Bilderfolge nicht bekannt.

Erst später, vermutlich im Jahre 121 geweiht, wurde von Hadrian ein 20 Meter hoher Tempel errichtet für seinen vergöttlichten Adoptivvater und dessen Ehefrau Plotina, mit denen der Kaiser ja verwandt war. Dieser Tempel vollendete die Anlage, die beim Tode des Kaisers 117 noch in Planung war.

Die Trajansmärkte

Zwischen der linken Exedra des Forumplatzes und dem Abhang des Quirinals errichtete Apollodorus die »Mercati Traianei«, deren Anlage er auf fünf Ebenen stufenförmig dem Hügel anpasste. Damit bilden die Märkte zugleich eine Art Stützmauer, die in einem großen Halbrund die Struktur der vor ihr liegenden Exedra aufnehmen, allerdings durch eine Straße von dieser getrennt. Der Marktbogen endet in je einem Kuppelsaal, dessen rechter jedoch nur drei »Scheinfenster« besitzt, da er seine Beleuchtung über eine Galerie bezieht. Beide Kuppelsäle waren als Unterrichts- und Vortragsräume konzipiert, und ihre Nähe zur Bibliotheca Ulpia war dabei von Bedeutung. Entlang des Straßenrunds liegen elf Tabernae von relativ geringer Tiefe mit fast quadratischem Eingang. Die gewölbten Räume sind allerdings hoch und werden zusätzlich erhellt durch ein Oberlicht, das in den Türvorsatz eingetieft ist.

Über diesen Tabernen wird die Fassade von Rundbogenfenstern durchbrochen und bietet Licht für einen überwölbten Gang mit zehn weiteren

Abb. 68
Trajanssäule.

Abb. 69
Trajanische Märkte.

Abb. 70
Via Biberatica in den Trajansmärkten.

Geschäften. Dieser Gang knickt nach Norden hin ab und führt zu weiteren Geschäften.

Über diesem Geschoss wurde eine weitere Geschäftsstraße angelegt, deren *tabernae*, zum Hang hin orientiert, sich zur Via Biberatica öffnen, dem »Säuferstäßchen« mit seinen Weinhäusern. Die Via Biberatica folgt dem Halbrund des Marktes. Hier liegen große, repräsentativ gestaltete Häuser mit unverstelltem Blick auf das Trajansforum. Über eine Treppe gelangt man von der Via Biberatica in eine großzügige, mit Kreuzgewölbe eingedeckte zweistöckige Anlage: eine überdimensionale Markthalle. Bei den *mercati* befindet sich das »Bürohaus« der Marktverwaltung, aber auch Räume für Großhändler und Warendepots. Dank dieser großzügigen Anlage – ca. 500 Geschäfte – konnte sich das Marktgeschehen von den früheren Foren in die neue »Geschäftswelt« verlagern. Dass die Mieten in dieser Anlage für ärmere Gewerbe- und Kioskbetreiber kaum erschwinglich waren – trotz der Großzügigkeit des Kaisers –, ist verständlich, und so wurde die Miete natürlich auch über die Warenpreise an den Kunden weitergegeben.

Templum Pacis – Forum Pacis

Sagax führte seinen Begleiter durch das Forum Traiani zurück, vorbei am Forum Augusti und durch das Forum Transitorium zum Templum Pacis, dessen Rückseite bis fast an die Velia heranreicht, nur durch eine Straße getrennt, die die Via Sacra mit den Carinen verbindet, wo auch die Horrea Piperataria, die »Gewürzspeicher« liegen.[15] Julius Primus hatte, als er das Areal betrat, den Eindruck, einer – wenn auch monumentalen – Steinwüste entronnen zu sein und einen kleinen Park zu betreten. Der Tempel des Friedens (Templum Pacis) war von Vespasian in den Jahren 71 bis 75 errichtet worden, und als er 192 abbrannte, richtete ihn Septimius Severus neu ein. Der Tempel stand am Ort des alten *macellum*, des Lebensmittelmarktes mit dem Forum Cuppedinis, dem Nasch- und Delikatessenmarkt, der seit Nero im Jahr 59 vom Bau des Macellum Magnum (»Großmarkt«) auf dem Caelius abgelöst worden war. Im Brand des Jahres 64 n. Chr. weitgehend beschädigt, konnte nun Vespasian den gesamten Platz für seine neue Anlage benützen: Sie sollte das Ende der Bürgerkriege, in denen Nero Selbstmord begangen hatte (Jahr 68) und die Eroberung Jerusalems im Jahr 71 – gleichsam das Ende des Judäischen Krieges – symbolisieren. Es war eine bewusste Anknüpfung an die Pax Augusta, und so trachtete der Kaiser danach, sich nicht in weitere Kriege verwickeln zu lassen.

Das 110 × 135 Meter messende Areal wurde als öffentliche Grünanlage konzipiert und, um die Ruhe um den Tempel zu betonen, mit einer Mauer um-

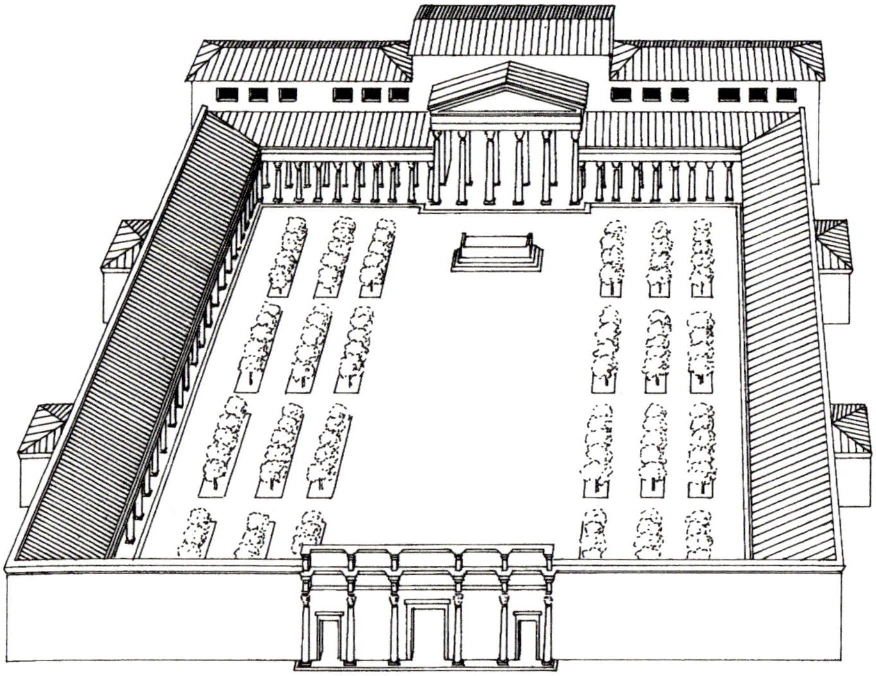

Abb. 71
Templum Pacis: Rekonstruktionszeichnung.

Abb. 72
Die Außenwand des Templum Pacis: Gut zu erkennen die Befestigungslöcher der Forma Urbis aus severischer Zeit.

geben und von Säulenhallen eingefasst, gegliedert durch vier rechteckige Exedren. Auf der Südwestseite stehen der Tempel und der Altar. Der Tempel selbst ist ein einfacher Saal mit Apsis, in der das Kultbild steht. Zu beiden Seiten des Tempels schließen sich Bibliotheken an (*Santi Cosma e Damiano*). dort liegen auch die Büros der Praefectura Urbi.

Das Forum Pacis diente dazu, besondere Beutestücke aus dem Judäischen Krieg auszustellen, also die Gegenstände, die dann auf dem Titusbogen dargestellt wurden, aber auch bedeutende Kunstwerke, die einst Nero für sein »Goldenes Haus« im gesamten griechisch-hellenistischen Raum erworben hatte (Plinius, Naturalis historia 34,84).

An der Nordwand des Forums hat später Septimius Severus den Stadtplan Roms, die Forma Urbis anbringen lassen. Sie besteht aus insgesamt 151 Marmorplatten, ist 18,10 Meter breit und 13 Meter hoch, bedeckt somit 235 m^2 und stellt die Stadt im Maßstab 1 : 246 dar. Den benannten Gebäuden und Straßen entsprechend muss die »Forma« in den Jahren 203 und 211 angefertigt worden sein. Sie richtet sich nach einem genauen Katasterplan, der wohl in der benachbarten Bibliothek aufbewahrt wird. Alles steht somit in enger Verbindung zu den Büros (*officia*) der Praefectura Urbi.

Palatin

Sagax und Julius Primus betrachteten in Ruhe die vorhandenen Kunstwerke, widmeten sich dann dem unübersichtlich, ja verwirrend wirkenden Stadtplan, bis Sagax den Vorschlag machte, nun die kaiserlichen Bauten auf dem Palatin zu besichtigen. Es war nicht einfach, dort einzudringen, obwohl die Öffentlichkeit allgemeinen Zutritt hatte, aber die stete Angst der Kaiser vor Attentaten hatte dazu geführt, dass man dort ständig Militär begegnete und Kontrollen über sich ergehen lassen musste. Aber Sagax versicherte, einige wichtige Personen und Freigelassene persönlich zu kennen, so dass es wohl möglich sei, auch Räume zu sehen, die dem Publikum unzugänglich blieben.

Der Palatinische Hügel liegt dem Kapitol gegenüber, von diesem durch eine Senke getrennt, so dass Caligula den nie realisierten Plan gefasst hatte, beide Hügel miteinander durch eine Brücke zu verbinden (Sueton, Caligula 22,4). Mit einer Höhe von 51 Metern war er hochwassergeschützt und hatte sich somit bereits früh als Siedlungsort angeboten. Der Hügel fällt stufenweise zum Forum Boarium hin ab, eine Geländeformation, die als Germalus bekannt ist. Durch weitere Geländesattel ist der Palatin mit dem

Abb. 73
Rekonstruktion des Palatins (Aquarell von Peter Connolly).

Esquilin und der Velia verbunden. Den Aufstieg zum Palatin über den nicht allzu steilen Clivus Palatinus benützte Sagax, einiges zur Vorgeschichte Roms und des Palatins zu erzählen.

Casa Romuli

Als altes wichtiges Siedlungsgebiet wurde der Palatin in die Gründungssage Roms mit einbezogen. Dort oben befand sich die Hütte des Romulus (Casa Romuli), ein Pfostenbau mit strohbedecktem Dach, der bis heute in seinem ursprünglichen Zustand als eine Art Gründungsheiligtum bewahrt wird. In der Nähe ließ dann Augustus sein eigenes Haus errichten. Unterhalb des Hügels befinden sich die Grotte, in der die Wölfin die Zwillinge Romulus und Remus gesäugt hatte (Lupercal), und der Feigenbaum (Ficus Ruminalis), unter dem das Körbchen mit den im Tiber ausgesetzten Zwillingen angelandet war. Der Hügel trägt den Namen einer Göttin »Pallas« – eine solche Göttin besitzen ja auch die Athener in Pallas Athene! –, deren Fest als »Palilien« oder, nach der Rechtschreibreform des Appius Claudius Caecus um das Jahr 300 v. Chr., »Parilien« jeweils am 21. April gefeiert und als Gründungsdatum Roms angesehen wird. Lange Zeit war das Gründungsjahr umstritten, bis dann der Gelehrte Varro, ein Freund Caesars, das Datum 753 errechnete. Vom Palatin, genauer vom Lupercal aus ging auch der Zug der Priester, die als »Wolfsabwehrer« galten und nur mit einem Ziegenfell bekleidet um den Hügel liefen. Sie trugen dabei eine Peitsche, und ihre Schläge sollten den Frauen Fruchtbarkeit schenken. Der von ihnen eingeschlagene Weg berührt dabei die Eckpunkte der frühen Roma Quadrata.

Während die frühen Hütten der »Getreuen des Romulus« auf blankem Tuffstein als Pfostenbauten im Weidenruten-Lehmverbund errichtet wurden, unter deren Dachtrauf eine Regenrinne in den Stein eingetieft war – die größte dieser Hütten hatte eine Grundfläche von 4,90 × 3,60 Metern –, folgten später festere Häuser mit einem Unterbau aus Tuffsteinquadern. Diese Siedlung war über eine Treppenanlage, die Scala Caci, mit dem Forum Boarium verbunden.

Schon frühzeitig erfolgten Umbauten innerhalb der »Romulus-Stadt«, bis große Hausanlagen der

Abb. 74
Tempel der Kybele oder Magna Mater mit Fundamentresten der sogenannten Casa Romuli.

Aristokraten, also der Patrizier, aber auch mächtiger Plebejerfamilien über die Mauer hinausgriffen und sie überflüssig machten: Manche dieser Häuser bedeckten bis zu 400 m² Grundfläche. Solche großen Häuser hatten bereits die typische Form des »Atriumhauses«, in der die Wohnräume um ein Atrium herum angelegt sind und das Triclinium einen Hauptraum innerhalb der Hausachse bildet. Zur Straßenfront wurden dann Tavernen angelegt. Diese Hausanlagen blieben bis zum Brand von 210 v. Chr. bestehen.

Wie gesagt wurde der Palatin bereits frühzeitig als Ansiedlung von besseren (adligen) Familien gewählt, und auch später lebten dort bedeutende Männer, so etwa M. Valerius Maximus (Consul 505 v. Chr.), Cn. Octavius (Consul 165 v. Chr), Ti. Sempronius Gracchus, der Vater der berühmt-berüchtigten Gracchen, M. Fulvius Flaccus (Consul 125 v. Chr.), L. Licinius Crassus (Consul 95 v. Chr.), M. Livius Drusus (Volkstribun 91 v. Chr.), der Redner Q. Hortensius Hortalus. Auch Cicero war erfolgreich bestrebt, wie sein Konkurrent Hortensius dort ein Haus zu besitzen: Er wohnte zwischen seinem Bruder Quintus und dem berüchtigten Clodius. Die Triumvirn Marc Anton und Augustus ließen sich dort nieder, bis dann mit und seit Augustus sich der Palatin zur Palastregion schlechthin entwickelte, also zum »Regierungssitz der Kaiser«. Damit wurde der Hügel völlig umgestaltet und Privatbauten verdrängt. Es entstanden nach und nach das Haus des Augustus (Domus Augusti und Domus Liviae), dem das Haus des Q. Catulus eingegliedert wurde, der Palast des Tiberius (Domus Tiberiana), der an Dimension das Haus des Augustus, an das er sich seitlich anlehnte, übertraf – Caligula hat ihn dann erweitert –, die etwas bescheideneren Bauten Vespasians und schließlich die Anlage Domitians, bestehend aus Domus Flaviana, Domus Augustana und schließlich das Stadion. Nero ließ dort zwar die Domus Transitoria bauen, zog es jedoch vor, ein eigenes Haus, die Domus Aurea, zu entwerfen. Auch Septimius Severus ließ weiterbauen, und Elagabal fügte noch seinen Tempel hinzu. Im Laufe der Zeit wurden alle diese Gebäude immer wieder renoviert, ausgeschmückt, erweitert, miteinander verbunden, so dass ein riesiges Gewirr von Räumen repräsentativer und privater Natur entstand, das zu einer Palastanlage zusammenwuchs.

Abb. 75
Rekonstruktionszeichnung einer Hütte der »Getreuen des Romulus«.

Tempel der Magna Mater

Erschüttert von den verheerenden Niederlagen gegen Hannibal am Trasumenischen See (217 v. Chr.) und bei Cannae (2. August 216) beschloss der Senat, zur Rettung der Stadt die Sibyllinischen Bücher zu befragen. Diese Weissagungsbücher (*libri fatales*) waren einstmals von König Servius Tullius erworben worden und wurden nur selten zu Rate gezogen. Nun aber empfahlen diese Bücher, die Magna Mater, also die kleinasiatische Göttin Kybele (Mater Deum Idaeae) aus Pessinus nach Rom zu holen und ihr einen würdigen Tempel zu errichten, mit dessen Bau man 204 v. Chr. begann. Das Kultbild, ein schwarzer Meteorit, wurde damals von einer großen Gesandtschaft zu Schiff herbeigeholt. Von der »Affäre Claudia« wurde schon berichtet (siehe oben, S. 64). Obwohl dieser Kult kein römischer war, wurde er doch innerhalb des Pomeriums angesiedelt,[16] der Tempel am 11. April 191 v. Chr. geweiht, und zu Ehren der Magna Mater wurden die Kultspiele der Ludi Megalenses eingerichtet. Nach dem Brand von 111 v. Chr. musste der Tempel von Grund auf restauriert werden, ebenso im Jahr 3 n. Chr.

Am Ende der Scala Caci liegt der Tempel der Victoria, den 294 der Consul L. Postumius Megellus nach einem Sieg über die Samniten erbaut hatte.

Das Haus der Livia (Domus Liviae) und des Augustus (Domus Augusti)

Vom Tempel der Magna Mater und dem der Victoria aus gelangt man zur Domus Liviae, die eigentlich ein Teil des Hauses des Augustus, der Domus Augusti ist. Das Haus liegt am Abhang der Terrasse, die den Tempel der Magna Mater trägt, und ist daher durch einen abwärts geneigten, mit weißem und schwarzem Mosaik belegten Gang zu erreichen. Dieser Korridor führt zu einem rechteckigen Hof und wurde wahrscheinlich vom Dienstpersonal benützt; der später vermauerte Haupteingang lag an der Ostseite, wo sich das Atrium mit anschließenden kleinen Zimmern (*cubicula*) befindet. Ein besonders reich geschmücktes Tablinum bildete ursprünglich den Durchgang zwischen beiden Hausteilen, und die daneben liegenden Räume zeigen eine exquisite Wanddekoration.

Sie wurde um 30 v. Chr. auf älterem Mauerwerk angebracht. Die Dekoration vor allem des Tablinums

Abb. 76
Ausschnitt aus einem Fresko im Gartensaal der Villa Livia bei Prima Porta.

Abb. 77
Haus des Augustus, Innenansicht.

mit seinen stilisierten Säulen und der perspektivisch gestalteten Kassettendecke entspricht dem Stil, den Vitruv in seinem Werk »De Architectura« als »Theaterdekoration« bezeichnet hat. Andererseits tadelt er die mit mythologischen und Genreszenen geschmückten Räume als »Phantasie«. Die Räume, die relativ dunkel erscheinen, sind mit einem schwarz-weißen Mosaikboden ausgestattet. Dass dieser Teil des Hauses wohl Livia gehörte, zeigen die Bleirohre der Wasserleitung, die mit *Iulia Aug(usta)* bezeichnet sind. Diesen Namen trug Livia allerdings erst nach dem Tode des Augustus (14 n. Chr.), der sie testamentarisch in die Familie der Julier adoptierte und ihr zudem den Namen »Augusta« zukommen ließ. Dieses ehemalige Privathaus hatte Augustus vermutlich kurz nach seiner Rückkehr aus Sizilien im Jahr 36 erworben und die Umbauten durchführen lassen.

Das eigentliche Wohnhaus des Augustus, die Domus Augusti, liegt etwas südlich der Domus Liviae und ist der Umbau des Hauses, das früher dem Gerichtsredner Hortensius gehört hatte. Weitere Aufkäufe und Umbauten wurden hinzugefügt. Die reich dekorierten Privaträume sind so ausgestattet, dass anzunehmen ist, dass sowohl Augustus wie auch Livia dort eigene Zimmer hatten.[17]

Der Tempel des Apollo

Abgerissen wurden auch einige Privathäuser, um an ihrer Stelle den Tempel des Apollo Palatinus zu errichten, den Augustus am Ende des Krieges gegen Sextus Pompeius begonnen hatte (36 v. Chr.), aber erst im Jahr 28 v. Chr. weihte. Er war nach dem Wunsche des Augustus »an sein Haus angeschlossen«, wenn auch für die Öffentlichkeit zugänglich.

Der ganz aus Marmor errichtete Tempel liegt inmitten eines großen, rechts und links von Säulen eingerahmten Platzes, der den Namen Porticus Danaidum trägt, da Augustus dort die Statuen der fünfzig Töchter des Königs Danaus aufgestellt hatte. »Die Sage geht«, so Sagax, »dass Danaus von seinem Bruder Aegyptus, der seinerseits fünfzig Söhne hatte, mit dem Tode bedroht wurde, damit dieser allein herrschen könne. Danaus floh daraufhin mit Minervas Hilfe nach Argos, und als Aegyptus seine Söhne ausschickte, um Danaus zu töten, überredete er diese, stattdessen seine Töchter zu heiraten. Denen aber gab er den Auftrag, ihre Männer in der Hochzeitsnacht zu ermorden. Sie taten es und wurden dafür in der Unterwelt bestraft, indem sie ewig Wasser in ein leckes Fass schöpfen mussten. Nur Hypermestra verschonte ihren Mann Lynceus, wofür beide mit einem heiligen Hain geehrt wurden. Dass man diese beiden ehrt, finde ich verständlich. Warum aber auch die anderen Töchter?« Doch wurde die Porticus auch mit farbigen Reliefs zu anderen Themen aus der Mythologie geschmückt. Im Tempel finden sich die Kultstatuen der Latona und ihrer Kinder Diana und Apollo, der ja persönlicher Schutzgott des Augustus war, ein Gott des Lichtes und der Heilkunde (er hatte diese Kunst seinem Sohn Aeskulap beigebracht). Augustus war nicht selten, zumindest in den entscheidenden Momenten der Kriegführung, krank; zudem war Apollo der Gott der Weissagung. So wurden auf Geheiß des *pontifex maximus* Augustus in der Basis der Statue die Sibyllinischen Bücher in einem goldenen Schrein niedergelegt. Dieser Tempel diente zudem als weiterer Sitzungsraum des Senates: Licht, Weisheit und Weltherrschaft lagen so dicht beieinander.

Der Palast des Tiberius (Domus Tiberiana)

Im Gegensatz zur Domus Augusti, die aus einer Ansammlung von Privathäusern entstanden war, entstand die Domus Tiberiana als Gesamtkonzept und füllte den Platz zwischen dem Tempel der Magna Mater, dem Haus der Livia und dem Abhang des Palatins zum Forum. Dort hielt sich Tiberius seit dem Tode des Augustus auf, soweit er nicht seine Palastanlage auf Capri, die Villa Iovis, bevorzugte. Das Haus des Augustus überließ er seiner Mutter Livia, zu der er ein gespanntes Verhältnis hatte.

Die Ostseite der Domus Tiberiana wird von einer langen, mit Malereien geschmückten Kryptoporticus begrenzt, die vermutlich erst Nero anlegte und die der eigentlichen Domus vorgelagert ist. Wie zu anderen »Palästen« gehört zur Anlage auch eine Bibliothek. Die Nordseite der Domus ist auf das Forum ausgerichtet mit Blick auf den sogenannten Clivus Victoriae und den Vicus Tuscus. Der Clivus wurde in hadrianischer Zeit mit Gebäuden, die von hohen Bögen gestützt sind, überbaut.

Im Zuge der Neugestaltung des Palatins ließ Domitian dort dann die kaiserliche Finanzverwaltung unterbringen.

Domus Flaviana – Domus Augustana

»Obwohl dieser Gebäudekomplex erst zur Zeit Nervas seine große Ausdehnung erhielt und damit den gesamten Mittelteil des Palatins bedeckt – wofür natürlich ältere Häuser aus republikanischer und neronischer Zeit niedergelegt oder überbaut werden mussten –, geht die Gesamtanlage auf Kaiser Domitian zurück«, erläuterte Sagax. Der damals entworfene Komplex wurde für die nächsten Jahrhunderte zum eigentlichen Sitz der Kaiser in Rom, zum »Kaiserpalast« schlechthin. Errichtet von dem bedeutenden Architekten Rabirius nach den Vorstellungen seines Kaisers, sollte der Bau allen Belangen eines wahrhaft göttlichen Herrschers Genüge leisten. Begonnen wurde mit Beginn der Regentschaft Domitians im Jahr 79, doch erst im Jahr 92 war er weitgehend vollendet.

Der Entwurf gliedert den Gesamtkomplex in drei Teile, die sukzessive errichtet wurden: die Repräsentationsräume der Domus Flaviana, die anschließende Domus Augustana mit den Privaträumen und schließlich das Stadion.

Sagax und Julius Primus näherten sich über den Clivus Palatinus dem Haupteingang des Palastes, wurden von martialisch aussehenden Wachsoldaten mehrfach kontrolliert und schließlich zum Eingang der großen Repräsentationsräume an der Nordseite gewiesen. Auch hier wimmelte es von Soldaten, darunter auch einige hochgewachsene mit langen Haaren, Hosen und weiten Umhängen, die nicht das kurze Schwert (*gladius*) der Prätorianergarde trugen, sondern lange schmale Schwerter (*spatha*). Sie unterhielten sich mit rauer Stimme in knappen, militärischen Sätzen und machten respektvoll einem jungen Mann Platz, der mit einem Schuppenpanzer bekleidet war und sich in elegantem Latein mit einem zivil gekleideten Mann unterhielt. Julius Primus betrachtete ihn aufmerksam, so dass sich der junge Mann ihm zuwandte. Nach einem kurzen Wortwechsel ging ein Lächeln über das Gesicht des Kriegers, der daraufhin in einem Dialekt weitersprach, den Sagax nicht verstand. Anders Julius Primus, der seinem Begleiter erklärte, dass dieser ein Germane, besser gesagt ein Alemanne sei und zur kaiserlichen Leibwache gehöre. Julius Primus hatte zu Hause mit vielen Germanen – Franken, Alemannen, Burgunden – Kontakt gehabt, so dass es ihm nicht besonders schwerfiel, sich mit diesem zu verständigen.

C. Julius Primus erklärte Sagax, dass bereits die ersten Kaiser eine germanische Leibwache eingerichtet hatten, da die Germanen die Gewohnheit haben, ihrem Gefolgsherrn – in diesem Falle dem Kaiser – unbedingte Treue zu schwören. Vor allem unter Caracalla wurden sie deshalb und wegen ihrer großen

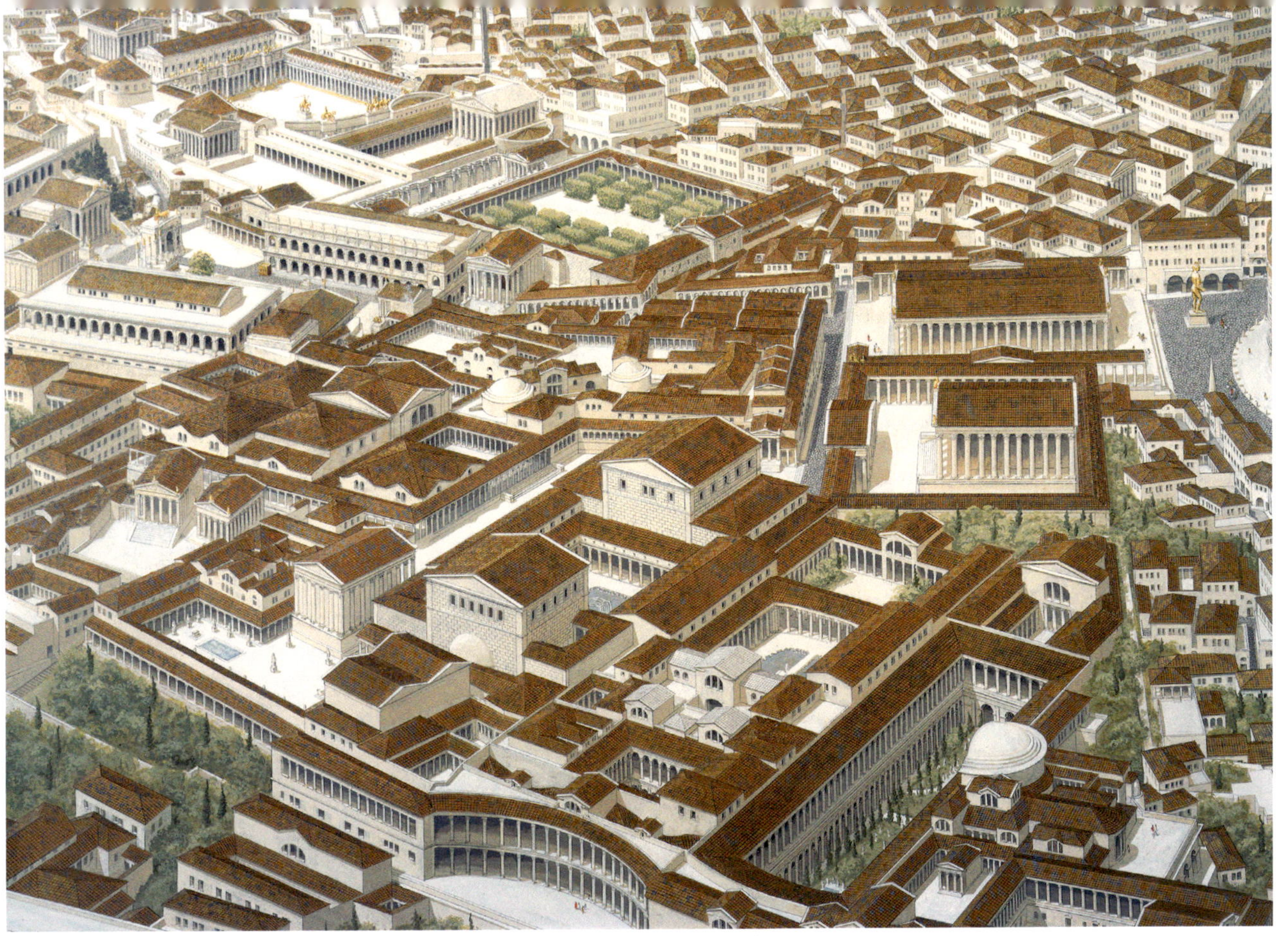

Abb. 78
Rekonstruktion des Domitian-Palastes (Aquarell von Peter Connolly).

Tapferkeit – Caracalla bezeichnete sie als *leones*, als seine Löwen – hoch geschätzt, und unter den späteren Kaisern, die fast alle aus dem Militär stammten, wie zum Beispiel Maximinus Thrax, Claudius der Gotenbesieger, Aurelian und Probus, wurden immer mehr Germanen angeworben.

Der Alemanne, Sohn eines Fürsten, war hoch erfreut und erklärte sich gerne bereit, sie durch die Räume des Palastes zu führen, zu denen er in seiner Eigenschaft als Angehöriger und Offizier des *comitatus* Zutritt hatte. So führte er sie zunächst in einen weiten hohen Raum, den er als Aula Regia bezeichnete, den Audienzsaal.

Aula Regia

Sie besitzt bei einer Höhe von 30 Metern eine Spannweite von 30,60 Metern und ist, um die aufgehenden Wände zu entlasten, mit einer Kassettendecke versehen, die ihrerseits die Balkenkonstruktion des Dachstuhls verbirgt. In den Nischen der Pfeilergliederung stehen Marmorstatuen. Die Aula wird durch eine Apsis abgeschlossen, neben der zwei Durchgänge zu einer Brunnenanlage führen. In der Apsis selbst steht auf erhöhtem Podium der Thronsessel des Kaisers. Dort empfängt er Gesandtschaften, gibt Audienzen, und dort finden auch die offiziellen Begrüßungen (*salutationes*) statt.

Rechts neben der Aula Regia liegt die sogenannte Basilica, errichtet auf der Aula Isiaca eines republikanischen Privathauses. Auch sie endet in einer Apsis und ist durch Säulenreihen in drei Schiffe gegliedert. Diese Basilica ist ebenfalls für den Kaiser bestimmt, der auf einem erhöhten Podest thronend die Berichte und Vorschläge seiner Mitarbeiter, Beamten und Berater anhört (*auditorium*).

Links der Aula Regia liegt ein etwas kleinerer Raum, Lararium genannt, das eigentlich als »Wachstube« der Prätorianergarde dient.[18] Alle drei Räume liegen auf gleicher Ebene und bilden die eigentliche Area Palatina.

Durch die Aula Regia gelangt man in einen riesigen mit Säulen aus kostbarem numidischem

Marmor umgebenen Hof, in dessen Mitte sich eine achteckige Brunnenanlage befindet. Während die rechte Wand einen weitgehend geschlossenen Eindruck macht, öffnen sich auf der linken Seite weitere Räume und eine überdachte Porticus, die wie ein Nebeneingang wirkt. Hinter dem Brunnenperistyl liegt ein riesiges Triclinium, also ein Bankettsaal, *coenatio Iovis* genannt. Dieser besitzt eine Fußbodenheizung (*hypocaustum*), über die ein wertvoller Marmorfußboden gebreitet wurde. Die ganze, mit Springbrunnen aufgelockerte Anlage steht an der Stelle eines neronischen Nymphaeums, das der Brand von 64 vernichtet hatte.

Domus Augustana

Von diesem vor allem der Repräsentation dienenden Komplex ist der »Privatpalast«, die Domus Augustana, geschieden, die von einer Fülle von Bediensteten bevölkert wird. Da der nördliche Teil der Domus Augustana direkt neben den Repräsentationsräumen liegt, ist nur der südliche Teil der Domus als private Wohnanlage zu betrachten und vermutlich nicht von Rabirius entworfen.

Diesen nördlichen Teil betritt man durch eine peristylähnliche Halle, in deren Mitte sich ein riesiges Wasserbecken ausbreitet. Auf einer künstlichen, über eine Brücke erreichbaren Insel ließ Domitian einen kleinen Minervatempel errichten. Er verehrte diese Göttin als seine private Schutzgöttin und fand daher in seinem Hause einen besonderen Platz. Unterhalb dieses Peristyls aber liegt, wegen des abfallenden Geländes etwas abgetreppt, der eigentliche private Bereich des Kaisers. Die vielen Räume öffnen sich auf einen Hof, der von einer zweistöckigen Porticus eingefasst ist. Hier wurde ein Brunnen angelegt, der seinen besonderen Aspekt durch vier gemauerte Halbkreise nach Art halber Amazonenschilde (*peltae*) gewinnt.

Dahinter liegt ein Atrium, das sich zur großen Exedra öffnet, die die Prunkfassade zum Circus Maximus bildet. Über eine große Treppe mit Rampe gelangt man auf der linken Seite der Anlage in das Obergeschoß, das dann auf der gleichen Höhe wie die Räume der Domus Flavia liegt. Hier befanden sich die eigentlichen Privaträume Domitians, in die er sich immer wieder zurückzog, um allein zu bleiben.

Sagax konnte sich nicht enthalten, wenigstens eine Anekdote anzubringen: »Der Historiker Sueton berichtet, dass Domitian die Angewohnheit hatte, dann mit seinem Schreibgriffel (*stylus*) Fliegen aufzuspießen. ›Und als ihn einer fragte, wer drinnen beim Kaiser sei, antwortete Vibius Crispus nicht unwitzig ‚nicht mal eine Mücke'‹« (Domitian, 3,1).

Als sich die beiden Besucher von ihrem freundlichen Führer verabschiedet hatten, äußerte sich Sagax gegenüber Julius Primus: »Tacitus hatte vielleicht doch recht, als er über die Germanen schrieb, ›*triumphati magis quam victi sunt*‹ = ›Wir haben eher über sie triumphiert als sie besiegt‹ (Germania 37). Aber solange sie unsere Kultur schätzen, werden sie diese nicht vernichten – hoffe ich!«

Abb. 79
Domus Augustana auf dem Palatin, Brunnenanlage im Garten.

Abb. 80
Hippodrom des Domitian im Kaiserpalast der Flavier.

Hippodrom

Auf der Ostseite der Domus Augustana ließ Domitian eine Rennbahn (Hippodrom) anlegen. Das Stadion mit seiner Gesamtlänge von 88 Metern liegt etwas tiefer als der Gesamtkomplex und wird daher von einem doppelstöckigen marmorverkleideten Peristyl eingefasst. Der Domus gegenuber liegt eine halbrunde Tribüne mit drei offenen Räumen für den Veranstalter (*editor*). Dies ist der späteste von Domitian errichtete Bau und wurde unter Hadrian und Septimius Severus umgestaltet.

Domitian ließ zudem palasteigene Thermen im Anschluss an das Stadion anlegen, die ihr Wasser über eine Abzweigung der Aqua Claudia erhalten, deren große Bögen zwischen Caelius und Palatin sichtbar sind.

Der Domitianspalast erfüllte also von Anfang an alle Bedürfnisse einer kaiserlichen Residenz, indem er Repräsentationsräume mit Privaträumen zu einem einheitlichen Komplex zusammenfasste. Dazu gehören natürlich auch Bibliotheks- beziehungsweise Archivräume, die an die Westseite des Palastes angegliedert wurden. Dass es zwei dieser Bibliotheken gab, liegt an der Zweisprachigkeit des Reiches. So ließ Domitian im Westen der großen Exedra auch ein entsprechendes Unterrichtsgebäude, ein sogenanntes Paedagogicum einrichten: Die dort angebrachten Graffiti zeigen, dass hier in erster Linie griechisch sprechende Palastsklaven (*servi Caesaris*) zu Sekretären ausgebildet wurden.

Septizodium

Septimius Severus fügte der Domus Augustana am Südrand einen Erweiterungsbau hinzu. Da der Hügel inzwischen völlig überbaut war, ließ der Kaiser eine künstliche Terrasse errichten, um so die Höhe des Domitianspalastes zu erreichen. Zudem ließ er auf der Südostseite des Palastes mit Blick auf die Via Appia das berühmte Septizodium errichten, eine Brunnenanlage, deren Fassade aus mehreren übereinanderstehenden Säulenreihen besteht. Er soll, so wird erzählt, die Anlage vor allem deshalb konzipiert haben, damit sie den aus Afrika Kommenden sofort ins Auge falle (Historia Augusta, Septimius Severus 24,3). »Die Familie des Kaisers stammte nämlich«, so Sagax, »aus Leptis Magna in Africa, so dass Septimius Severus seine Landsleute damit beeindrucken konnte. Tatsächlich hat man von dort einen großartigen Ausblick.«

Tempel des Syrischen Helios

An der Ostseite der Domus Augustana, wo der Clivus Palatinus Richtung Titusbogen führt, wurde von Kaiser Varius Avitus Bassianus, besser bekannt als Elagabal, eine riesige, rechteckige Terrasse angelegt, die auf einer Kryptoporticus Neros ruht und deren Zugang über mehrere Stufen erreichbar ist (*Vigna Barberini*). Hier liegt das sogenannte Pentapylum, ein »Fünfpfeilertor«, durch das man zu einem 60 × 40 Meter großen Tempel gelangt. Er wurde von Elagabal für seinen Sonnengott errichtet, dessen oberster Priester er war. Dorthin brachte er auch das Kultbild der Kybele = Magna Mater, also den schwarzen Meteorit, das Feuer der Vesta, das Palladium und die heiligen Schilde (*ancilia*) der Salier. Zudem plante er, auch die Symbole anderer Religionen dort zu konzentrieren. Er wollte auf diese Weise als oberster Religionsherr nur noch seine eigene Religion verehrt sehen (Historia Augusta, Elagabal 3,4; 7,4). Mit ihrer Grünbepflanzung hat die Anlage eine gewisse Ähnlichkeit mit dem Templum Pacis Vespasians.

C. Julius Primus äußerte sich erstaunt über die große Anzahl von Archiven und Bibliotheken in Rom. Sagax erklärte ihm jedoch, dass Bibliotheken nicht nur zu den Palästen gehören, sondern auch die großen Thermenanlagen über solche verfügen, so dass diese auch Zentren der Kultur sind. Hinsichtlich der Archive merkte er an, dass viele von ihnen öffentlich zugänglich sind und dies eben den Geschichtsschreibern zugute kommt, die sich entweder mit der Gesamtgeschichte Roms seit der Frühzeit (*annales*) oder vorwiegend mit der Zeitgeschichte (*historiae*) beschäftigen wollen. Hier hatten Personen wie Sallust, Velleius Paterculus, Tacitus und Marius Maximus ihre Notizen gemacht. Der weitgehend unbekannte Historiker Flavius Vopiscus behauptet, die Werke der Bibliotheca Ulpia, die Bücher des Tiberiuspalastes, Senatsprotokolle und die *acta diurna* (Tagesanzeiger) eingesehen zu haben (Historia Augusta, Probus 2,1), und einer der bekanntesten war ja C. Suetonius Tranquillus, der als offiziell angestellter Geheimsekretär Hadrians Zugang zu allen Archiven hatte und so seine Kaiserbiographien mit Dokumenten, Briefen, Anekdoten und Flugblättern bereichern konnte. Allerdings legte er sich dann mit der Kaiserin Sabina an, so dass er im Jahr 121 entlassen wurde.

Das Amphitheatrum Flavium

Die Republik weigerte sich, in Rom feste Theater zu bauen. Sie wurden ad hoc aus Holz errichtet und anschließend wieder abgebaut. Viele davon hielten dem Publikumsandrang nicht stand, so dass es zu schweren Unfällen kam. Erst Pompejus gelang es mit einem Trick, ein steinernes Theater zu errichten, indem er es mit einem Tempel verband.

Auch das Amphitheater unterlag dieser Vorschrift, obwohl andere Städte wie etwa Puteoli oder Pompeji bereits feste Steinanlagen besaßen. Erst Statilius Taurus durfte mit Zustimmung des Augustus ein solches auf dem Marsfeld errichten. Als dieses beim großen Brand 64 n. Chr. vernichtet wurde, ließ Nero erneut eine hölzerne Ersatzkonstruktion für Gladiatorenkämpfe (*munera gladiatoria*) und Tierhetzen (*venationes*) erstellen. Agrippa hatte schon zur Zeit des Augustus einen künstlichen See für Seegefechte (*naumachia*) auf dem Marsfeld ausheben lassen, so dass zunächst alle Bedürfnisse erfüllt waren. Dann errichtete Vespasian die großartige Arena, die zum Vorbild für ähnliche Bauten vor allem in Gallien wurde.

Das Amphitheatrum Flavium wurde in der Senke zwischen Palatin, Esquilin und Caelius errichtet, genau dort, wo Nero einen künstlichen See für seine Domus Aurea hatte ausheben lassen. Vespasian wollte offensichtlich die Platzverschwendung Neros – und damit auch dessen Andenken – rückgängig machen, zumal das Volk mehr an Nero hing als dem Kaiser lieb sein konnte. Als zum Beispiel das Gerücht aufkam, Nero sei nicht tot, musste Vespasian eingreifen (Sueton, Nero 57).

Das Kolosseum wurde noch zu Lebzeiten Vespasians eingeweiht, obwohl es bei seinem Tode im Jahr 79 noch nicht vollendet war. Dies geschah erst unter Titus im Jahre 80 mit einem 100-tägigen Fest, bei dem 5000 Tiere getötet wurden. Domitian schließlich ließ die für den Betrieb notwendigen unterirdischen Anlagen aufmauern. Bis dahin war es möglich gewesen, die Arena für Seegefechte zu fluten. Danach wurden nur noch Gladiatorenkämpfe und Tierhetzen dort veranstaltet.

Abb. 81
Kolosseum.

Sagax benützte die Gelegenheit, seinen Begleiter über einige technische Details zu unterrichten: Das leicht elliptische Amphitheater besitzt riesige Dimensionen: Es ist ca. 50 Meter hoch, die Hauptachse der inneren Ellipse beträgt 188 Meter, die Nebenachse 156 Meter. Damit erweckte es fast den Eindruck eines Kreises. »Es ist im Übrigen nicht uninteressant, hier eine Anekdote einzuschieben, die Sueton (Vespasian 18) erzählt: Als ein Ingenieur vorschlug, große Säulen mit geringen Kosten auf das Kapitol zu transportieren, gab er ihm für diese Erfindung ein ansehnliches Geldgeschenk, lehnte die Ausführung jedoch ab mit den Worten: Er möge ihm doch erlauben, das einfache Volk zu ernähren. Gleiches gilt wohl für das Amphitheater.«

Die Anlage besteht aus vier Geschossen, die drei unteren aus aufgemauerten Bögen, durch Halbsäulen gegliedert – das erste im tuskischen, das zweite im jonischen und das dritte im korinthischen Stil –, das oberste war mit Holzsitzen vesehen. Auf zwei Drittel der Höhe des Baues sind Konsolen eingefügt, parallel darüber Löcher im Kranzgesims (insgesamt 240), um als Halterung der Balken zu dienen, die das riesige Sonnensegel tragen müssen. Das Ausfahren und Einholen der Segel wurde den Seesoldaten aus Misenum übertragen, denen eine eigene Kaserne nahe dem Theater zugewiesen wurde (Castrum Misenaticum).

Durch die 80 Bögen des Erdgeschosses erreicht man die Treppen zu den Rängen, über jedem Eingang (*vomitorium*) steht eine Nummer, die der der Eintrittsmarke (*tessera*) entspricht. Die Gänge, die den Zugang zu den Rängen ermöglichen, sind mit Tonnengewölben versehen. Das Theater besitzt vier Prunkeingänge, wobei das nördliche, mit einer Quadriga geschmückt, den Zugang zur Kaiserloge bietet und wie ein Triumphbogen gestaltet ist.

Das Fundament des Theaters war wie ein unterirdisches fünftes Stockwerk auf einen Fundamentring aus Beton gesetzt; ein innerer Ring bildet die Basis für die Seitenwand der Arena. Die Aufmauerung der Tribünen wurde vier Bauhütten übertragen,

Abb. 82
Rekonstruktion des Kolosseums, Gesamtansicht (Aquarell von Peter Connolly).

Abb. 83
Rekonstruktion des Kolosseums, Untergeschoss (Aquarell von Peter Connolly).

die, nach identischen Plänen arbeitend, je einen Abschnitt zwischen den vier Toren betreuten. Der Bau wurde außen aus Travertin hochgezogen, die Klammern der Quader mit Blei vergossen.

Im Untergeschoss befinden sich alle Maschinerien, Käfige, Kulissen (zum Beispiel Bäume und Hügel), Wasserorgeln, Waffen usw. In der inneren Arenamauer liegen 32 Nischen und Zugänge zu den Tunneln, die zu Gebäuden außerhalb der Anlage führen. In den Nischen stehen auch die Aufzüge, die Gladiatoren, Tiere und Jäger in die Arena heben. Unterhalb des Arenabodens sind Mauerzüge eingebaut, die teils parallel zur Ellipse, teils parallel zur Hauptachse verlaufen. Ein Gang, der der Hauptachse folgt, führt aus dem Amphitheater hinaus zum Ludus Magnus, der großen Gladiatorenkaserne.

Der Boden der Arena besteht aus Holzbohlen, die leicht zu entfernen sind. Bei Tierhetzen wurde die Arena zum Schutz der Zuschauer mit einem festen Netz überspannt und Bogenschützen aufgestellt.

Die Zuschauertribünen sind in Ränge (*maenianum*) gegliedert – der oberste aus Holz (*maenianum summum in ligneis*) – und richten sich nach der sozialen Stellung des Besuchers; der Eintritt ist grundsätzlich kostenlos. Die besten Plätze sind natürlich den Senatoren vorbehalten, die nächsten vierzehn Sitzstufen (*prima maenianum*) den Rittern, darüber die der anderen Bevölkerungsschichten – Reiche, Freie, Freigelassene usw. Ein Abschnitt des »hölzernen Ranges« ist für Frauen vorgesehen – aus moralischen Gründen, was, wie Ovid beschreibt, die »Anmache« nicht verhinderte (Ars amatoria 1,133–176).

Viele der Stufen zeigen an, für wen die Sitzplätze reserviert sind: *equitibus Romanis* (römische Ritter), *paedagogibus puerum* (»Grundschullehrer«), *hospitibus publicis* (Staatsgäste), *clientibus* (Klienten, aber auch das einfache Volk), *fratribus Arvalium* (Mitglieder der Arvalbrüderschaft). Natürlich wurden die besseren Plätze breiter bemessen als die für die *plebs urbana*. Die Sitzreihen der Senatoren sind ganz aus Marmor, die für andere aus Ziegeln aufgemauert. Die Senatorensitze sind zudem mit Namen versehen, die beim Ausscheiden des Inhabers durch einen neuen Namen ersetzt werden.

Das Kolosseum besitzt ca. 45 bis 50 Stufenreihen, hinzu kommt das hölzerne *maenianum*. Legt man eine Sitzfläche von etwa 44 cm zugrunde, so bietet das Theater 40 000 bis 45 000 Zuschauern Platz; dazu noch etwa 5000 Stehplätze im obersten Rang.

Abb. 84
Ränge des Kolosseums.

Andere Berechnungen laufen auf 68 000 Sitzplätze hinaus.

Bereits unter Nerva musste die Anlage, die brand- und regenwassergefährdet war, restauriert werden, ebenso unter Antoninus Pius, Elagabal, Alexander Severus und Decius im Jahr 250 n. Chr.

Nahe dem Kolosseum stand auf einem gewaltigen Sockel die Kolossalstatue Neros, die nach Plinius (Naturalis historia 34,45) der griechische Bildhauer Zenodorus geschaffen hatte. Sie war dem berühmten Koloss von Rhodos nachgestaltet, der 70 Ellen (32 Meter) hoch war, der des Nero maß laut Plinius 119 Fuß, also 35 Meter. Nach Neros Tod wurde die Statue von dem Architekten Decrianus mit Hilfe von 24 Elefanten versetzt, das Gesicht Neros in das des Sonnengottes Helios umgestaltet. Commodus verwandelte ihn später zu einem Herkules mit den eigenen Gesichtszügen, was nach seinem Tode erneut rückgängig gemacht wurde. Nach dieser Statue erhielt das Amphitheatrum Flavium den heute geläufigen Namen Kolosseum.

Nahe dem Kolosseum (*beim Konstantinsbogen*) stoßen die augusteischen Regionen IV, X, III und II aneinander, die Stelle wird durch eine monumentale Brunnenanlage, die Meta Sudans (Wendemarke) markiert.

Ludus Magnus

Unweit des Kolosseums und durch einen unterirdischen Gang mit diesem verbunden liegt nahe der Via Labicana der Ludus Magnus, die von Domitian errichtete Gladiatorenkaserne. Der rechteckige, dreistöckige Ziegelbau besitzt einen Innenhof mit Porticus, an dem die Zimmer der Gladiatoren liegen. Der monumental gestaltete Haupteingang mit der Ehrentribüne befindet sich an der Nordseite. Der Innenhof enthält als Übungsplatz ein kleines Amphitheater mit Zuschauertribünen, die über eine Außentreppe erreichbar sind. In allen vier Ecken der Porticus stehen kleine Brunnen. Als Trajan die Via Labicana erneuern ließ, lag diese nun etwas höher als das Gebäude, sodass Stufen abwärts gelegt werden mussten.

Ludus Matutinus und andere

Südlich des Ludus Magnus liegt eine kleine Kaserne, in der die Kämpfer für wilde Tiere (*bestiarii*) untergebracht sind. Weitere *ludi* sind der Ludus Dacius nahe den Trajansthermen vor der Fassade der Domus Aurea. Der Ludus Gallicus liegt gleich daneben. Dort befinden sich auch das Spoliarium, in dem tote Gladiatoren entkleidet werden, das Sanitarium, ein Krankenhaus für Gladiatoren, und das Armentarium (Waffenarsenal). Sie alle liegen in der Regio II nahe dem Caelius. In der Regio III liegt außer dem Castrum Misenaticum auch das Summum Choragium, der »Bauhof« für Bühnenmaschinen. Dieses Bauwerk steht auf den Ruinen der Häuser, die 64 n. Chr. abgebrannt waren.

Abb. 85
Ludus Magnus, Rekonstruktion der Gladiatorenkaserne (Aquarell von Peter Connolly).

Abb. 86
Ein *bestiarius* – ein Kämpfer mit wilden Tieren.

Caelius

Vom Amphitheater führte Sagax Julius Primus in den Bereich des Caelius, der von Augustus der Regio II zugeordnet worden war. Ursprünglich Mons Querquetulanus (»Eichenberg«) genannt, erhielt er nach der Sage seinen neuen Namen nach dem Etruskerführer Caelius Vibenna, der sich dort mit Erlaubnis des Tarquinius Priscus niederlassen durfte (Tacitus, Annales 4,65). Der Hügel gehört zu den ältesten Siedlungsgebieten der Stadt, der Zugang erfolgt durch die Porta Capena, wo, im Hain der Camenae, die Nymphe Egeria ihr Heiligtum besitzt. Da der Caelius teilweise außerhalb des Pomeriums lag, durften dort auch fremde Kulte siedeln. So errichtete etwa L. Mummius 146 bis 142 v. Chr. den Tempel des Hercules Victor. Auch Gräber konnten dort angelegt werden. Erst in spätrepublikanischer Zeit entwickelte sich das Gebiet zur vornehmen Wohngegend mit luxuriösen Villen, und Plinius (Naturalis historia 36,48) beschreibt das Haus des Mamurra, des *praefectus fabrum* (Vorsteher des Geschützparkes) Caesars im Gallischen Krieg, als erstes mit marmorverkleideten Wänden und Marmorsäulen.

Zwei große Brände, 27 unter Tiberius und 64 unter Nero, wüteten dort und vernichteten dabei das Macellum Magnum (Großmarkt), das Nero wiederherstellen ließ. Gegenüber entwarf er dann den Tempel des Divus Claudius, wofür er einige Häuser der an der sogenannten Pisonischen Verschwörung Beteiligten enteignete. In diesem Bezirk liegen auch die Kaserne der *Cohors V Vigilum*, die Castra Peregrina, und zwei Kasernen der *equites singulares*, der berittenen Wachtruppe des Kaisers. Die erstere erbaute Kaiser Trajan, der die Truppe aufgestellt hatte, die zweite Septimius Severus als *Castra nova equitum singularium*.[19]

Die Castra Peregrina beherbergen Sondereinheiten der Provinztruppen, die für Spezialeinsätze nach Rom beordert wurden. Unter den Flaviern errichtet, wurden sie und das dort gelegene Mithraicum unter den Severern umgebaut. Auch ein Militärkrankenhaus (*valetudinarium*) wurde errichtet.

Die Abhänge des Caelius sind mit mehrstöckigen Wohnhäusern überbaut, auf der Höhe hingegen liegen palastartige Anlagen, so das Haus der Domitia Lucilla Minor, der Mutter des Marc Aurel, in dem auch ein Reiterstandbild des Kaisers stand. Commodus hatte dort eine Privatvilla, die Domus Victiliana, in der er später ermordet wurde, Alexander Severus erbaute sich eine große Villa, den Sessorischen Palast,[20] auch Philippus Arabs hat dort gewohnt.

Über den Mons Caelius führen die Aqua Appia, die Marcia, die Julia und Claudia. Die ersten drei Aquaedukte verlaufen unterirdisch, die Aqua Claudia über große Bögen zu einer Zisterne beim Tempel des Claudius. Von der Aqua Claudia ließ Nero eine Abzweigung zu seinem See an der Domus Aurea führen, die dann Domitian bis zur Domus Augustana verlängerte.

Nahe der Porta Caelimontana treffen die Straßen Vicus Camenarum, Clivus Scauri (vom Templum Pacis), Vicus Capitis Africae (vom Ludus Magnus) und Via Caelimontana zusammen mit einer Verbindung zur Via Appia.

Templum Divi Claudii

Zwischen Clivus Scauri und Via Caelimontana begann Agrippina Minor 54 n. Chr. den Tempel des Divus Claudius, doch ließ ihn Nero teilweise abbrechen und stattdessen ein Nymphäum errichten. »Nero«, so erzählte Sagax, »der seinen Adoptivvater mit einem ›göttlichen Pilzgericht‹ ins Jenseits befördert und den sogar Seneca mit seiner Schrift ›Apokolokyntosis‹ (Die Verkürbissung, das heißt die Veräppelung) verspottet hatte, fand einen solchen Tempel überflüssig. Vespasian ließ ihn jedoch erneut erbauen mit einer Grünanlage nach dem Vorbild des Templum Pacis.« Der Tempel mit seiner Plattform von 180 × 200 Metern liegt auf einem von großen Stützmauern umgebenen Areal, dessen Einfriedung links und vor dem Tempelplatz aus zweistöckigen, miteinander verbundenen tonnenüberwölbten Räumen besteht. Die Tempelfassade wurde zur Aqua Claudia ausgerichtet.

An der Nordseite der Einfassung befindet sich eine Toranlage, durch die man über eine Freitreppe zum Kolosseum gelangt. Dort steht ein großer marmorner Wasserspeier in Form eines Schiffsbugs. Die Ostseite zeigt Nischen, die rechts und links um einen größeren Raum angeordnet sind: Es handelt sich um ein riesiges, von Brunnen umgebenes Nymphäum.

Der Clivus Scauri im Westen des Tempels wurde vermutlich von der Familie der Aemilii Scauri bebaut, zu der M. Aemilius Scaurus, Censor des Jahres 109 v. Chr., gehörte.[21] Zwischen Clivus Scauri und Claudius-Tempel befindet sich eine Reihe von Tabernae, am Vicus Scauri selbst ein elegantes mehrgeschossiges Privathaus, das über ein eigenes Nym-

Abb. 87
Templum divi Claudii.

phäum verfügt. Das Haus wurde im zweiten und dritten Jahrhundert mehrfach umgebaut und der Innenhof mit einem Tonnengewölbe überdacht (*heute SS. Giovanni e Paolo*).

Bogen des Dolabella

An der Via Caelimontana steht ein Travertinbogen, auf dem jetzt die von Nero angelegte Wasserleitung entlangführt. »Die Consuln Publius Cornelius Dolabella, Sohn des Publius (und) Caius Iunius Silanus, Sohn des Caius, Priester des Mars [*Jahr 10 n.Chr.*], haben auf Senatsbeschluss den Auftrag vergeben und die Ausführung gebilligt« (*faciundum curaverunt idemque probaver(unt)*; CIL VI 1384). Dieser Bogen ist eigentlich Teil der Servianischen Mauer, die Augustus an der Porta Caelimontana restaurieren ließ. Ganz in der Nähe befindet sich auch die Kaserne der *Cohors V Vigilum*.

Die ursprünglich etwas einfache Bebauung flavischer Zeit machte später immer luxuriöseren Wohnsitzen Platz, so auch dem Haus des Philippus Arabs.[22] Dort lag auch die Basilica Hilariana mit einer Kultstätte für Kybele und Attis: der »Heilige Baum« (Arbor Sancta), der von dem Kultverein der Dendrophoren verehrt wurde. Die Basilica wurde zur Zeit des Hadrian und des Antoninus Pius errichtet, später noch einmal renoviert, dann aber aufgegeben.

Lateran

Innerhalb der Aurelianischen Mauer, an der Kreuzung der Via Caelimontana, Asiana, Tusculana und einer vierten Straße lag die bereits erwähnte Villa der Domitia Lucilla, der Mutter Marc Aurels. »Die Familie zählte seit Generationen zu den reichsten Roms, auch wenn sie nach einem Brief des jüngeren Plinius (8,18) Gegenstand von großem Klatsch war«, erklärte Sagax. »Geld aus Reedereien, Ziegeleien und Grundbesitz floss hier zusammen, denn Domitia heiratete den ebenso reichen Annius Verus: Geld zu Geld. Man konnte sich also ein entsprechendes Stadthaus (*domus*) leisten.« Es war ein großes Peristylhaus zunächst mit einem Wasserbecken, das aber im zweiten Jahrhundert durch einen Sockel ersetzt wurde, der mit Reliefs des Vestakultes geschmückt war.

Auch Häuser aus julisch-claudischer Zeit standen dort, so die der Laterani und der Pisones, die Nero beschlagnahmen ließ,[23] ferner ein Nymphäum aus der julisch-claudischen Zeit. Ein jenseits der Via Tusculana befindliches Haus aus dem ersten Jahrhundert wurde in hadrianischer Zeit oder unter Antoninus Pius durch Thermen ersetzt, die wiederum unter Septimius Severus und Caracalla völlig umgebaut wurden. Ein weiteres julisch-claudisches Haus, das im zweiten Jahrhundert umgebaut wurde und mit Malereien beziehungsweise schwarz-weißem Mosaik geschmückt war, wurde unter Septimius Severus zur Hälfte abgetragen, um darüber die Kaserne der *equites singulares* zu errichten.[24]

An der Via Caelimontana lagen seit früher republikanischer Zeit prächtig geschmückte Grabbauten. Einer davon ist das zwischen 41 und 80 n.Chr. angelegte Columbarium des Tiberius Claudius Vitalis, über dessen Eingangstür sein gleichnamiger Vater als Architekt, die Mutter Claudia Primigenia, die Schwester Claudia Optata und der kaiserliche Freigelassene und Architekt Tiberius Claudius Eutychus genannt werden. Die drei Stockwerke, neun Meter tief, haben Marmorfußböden auf einer Grundfläche von 4 × 3 Metern, die beiden unteren Räume zeigen je drei Nischenreihen, in denen jeweils drei oder mehr Aschenurnen Platz finden. Auch der Buchhändler P. Quinctius, Freigelassener des T. Quinctius, hatte hier um 100 v.Chr. für sich, seine Frau und seine Konkubine eine Grabkammer anlegen lassen.

Esquilin

Der Esquilin, so erläuterte Sagax, besteht eigentlich aus drei Hügeln, die von Augustus unterschiedlichen Regionen zugeteilt wurden. So kam der Oppius im Süden (mit Kolosseum und Ludus Magnus) zur Regio III, ebenso Teile des Fagutal und der Carinen, der im Norden liegende Cispius mit Via Sacra, Basilica Aemilia, Tempel der Venus et Roma sowie Subura wurden der Regio IV zugeordnet.

Es war ein riesiges, bereits frühzeitig bewohntes Gebiet und Livius behauptet (1,44,3), dass Servius Tullius es in die Stadt einbezogen und selbst dort gewohnt habe. Damit gehörte das Gebiet zu den vier alten Stadttribus Palatina, Collina, Suburana und Esquilina. »Esquilina«, so erklärt Sagax, »bedeutet wohl ›außerhalb der Stadt bewohntes Gebiet‹, so wie Subura ›Gebiet unterhalb der Stadt‹ bedeutet, immer auf den Palatin bezogen. Varro hingegen (Lingua Latina 5,49) leitet den Ausdruck von *excultare* her, da Tullius das Gebiet intensiv kultivieren und Haine anlegen ließ. So wurde offenbar der Palatin mit dem von Varro erwähnten *murus terreus Carinarum* gegen die Carinae und die Abhänge des Fagutal zur Velia hin abgegrenzt, und auch der sogenannte ›Schwesternbalken‹ (*tigillum sororium*), den der junge Horatier wegen seines Totschlags an der Schwester errichten musste, war vermutlich ein Zugang zur Stadt: Er stand am Compitum Acilii und war ein Balkentor.«

Durch das nördliche Tal der Subura verläuft das Argiletum, die »Tongrubenstraße«, die nach links zum Vicus Patricius, nach rechts zum Clivus Suburanus führt. Der Clivus Patricius entspricht der Grenze zwischen Regio V und Regio VI und führt zur Porta Viminalis; der Clivus Suburanus zur Porta Esquilina und weiter als Via Labicana, die Hauptverkehrsader des Gebietes, zur Porta Labicana.

Natürlich lagen die Wohnquartiere der Reichen auf dem Esquilin, die der Ärmeren am Abhang und in den Niederungen. Um das Argiletum herum befinden sich die Geschäfte der Handwerker und vor allem der Buchhändler mit den Horrea Chartaria, dem »Papierlager«. »Dort«, so ergänzte Sagax, »hat sicher auch Atticus seinen Papiervorrat ergänzt. Immerhin unterhielt er als Verleger – auch des Cicero – eine große Schreibwerkstatt« (Cornelius Nepos, Atticus 13).

Die Gegend zwischen Velia und Carinae – die »Schiffskiele« – war zusammen mit dem Palatin die beliebteste Wohngegend der späten Republik und frühen Kaiserzeit. Dort wohnte der »Adel«, dort lagen die Villen des Tullus Hostilius, der Valerier, des Spurius Cassius. Auf den Carinae wohnte Pompejus, den Marc Anton dann enteignete; später bewohnten sein Haus Augustus, Tiberius und die Gordiane, die es für ihre Zwecke umbauen ließen. Sogar Laeneus, der Freigelassene des Pompejus, hatte beim Tellustempel eine Schule eingerichtet (Sueton, De Grammaticis 15). Beim Tempel des Tellus wohnte Ciceros Bruder Quintus, später Kaiser Balbus. Caesar wohnte zunächst in der Subura, wo vermutlich auch Sulla in seiner Kindheit in einem Mietshaus aufwuchs. Auf dem Oppius stand das Haus des Vedius Pollio, das dann der Porticus Liviae weichen musste. Auch Maecenas hatte dort ein Haus, das später in den Besitz des Augustus überging. Tiberius besaß hier ein Haus, das dann Nero durch die Domus Transitoria mit dem Palast auf dem Palatin verbinden ließ.

Auf dem Esquilin aber liegen auch die kaiserliche Münzprägeanstalt (*moneta*), das Macellum Liviae, ein Großmarkt, die Titus- und Trajansthermen, kleinere Bäder und Nymphäen, jedoch nur wenige Tempel, so ein Dianatempel und der Tempel der Fortuna Virgo, den Sejan in sein Privathaus einbezog. Beide Tempel sollen auf Servius Tullius zurückgehen. Auf dem Esquilin stehen auch die severische Anlage des Amphitheatrum Castrense sowie Thermen, die Julia Domna anlegen ließ.

Auf den Carinen steht der 268 erbaute und 54 v. Chr. von Q. Cicero restaurierte und für Senatssitzungen geeignete Tellus-Tempel, in dem sich eine große gemalte Karte Italiens befindet.

Auf dem Cispius wiederum befindet sich am Vicus Patricius das Heiligtum der Juno Lucina, »die den Gebärenden beisteht«. Es soll bereits 735 v. Chr. von dem Sabinerkönig und Mitregenten des Romulus Titus Tatius in einem altehrwürdigen Hain errichtet worden sein (Varro, Lingua Latina 5.74). Auch der Tempel der Minerva Medica steht dort, in dem viele Dankes- und Weihgaben aufgestellt sind.

Auch fremde, orientalische Kulte sind dort vertreten, so eine Kultstätte der Dea Caelestis Tanit, der Bellona, ein Tempel für Isis und Sarapis, den vermutlich Scipio Metellus Mitte des ersten Jahrhunderts errichten ließ und der später der Regio III den Namen gab, sowie ein Mithraeum.

Amphitheatrum Castrense

Das Amphitheatrum Castrense mit seinem fast kreisförmigen Grundriss steht an der Aurelianischen Mauer. Aus Ziegeln und Travertinblöcken errichtet, besitzt es wie das Kolosseum eine Konsolenvorrichtung für ein Sonnensegel. Von hier führt ein 300 Meter langer, 15,5 Meter breiter überdeckter Gang zum Circus Varianus (*S. Croce*). Zusammen mit einem weiteren Gebäudekomplex (*Thermen der Helena*) bildet es einen Teil einer kaiserlichen Villa, die Septimius Severus begonnen und Elagabal vollendet hat. Es ist der sogenannte Sessorische Palast, in dem Elagabal private Spiele veranstaltete (zum Beispiel Historia Augusta, Elagabal 28).

Der Ostteil des Esquilin hingegen bestand zunächst aus einer ausgedehnten Nekropole, die von Straßen und Wasserleitungen durchzogen war, bis dann Maecenas und andere reiche Adlige dort ihre Parks und Villen anlegten. So entstand dort außerhalb der Servianischen Mauer eine Parklandschaft, die sich bis zum Pincius hinzieht (Collis Hortulorum), Anlagen, die nach und nach in kaiserlichen Besitz übergingen.

Moneta

In der Nähe des Kolosseums befindet sich die Münzprägeanstalt (Moneta), die Domitian von der Arx dorthin verlegt hatte. Die Schmalseite des Gebäudes misst 29,60 Meter. Daran angebaut sind Räume mit einem Tonnengewölbe von 4,30 Metern Breite. Diese Anlage erreichte unter Aurelian eine traurige Berühmtheit, als dieser einen Aufstand der Münzarbeiter niederschlagen musste: »Diese ließen es, nachdem sie auf Anstiften des Rechnungsprüfers Felicissimus den Münzfuß (das heißt die Goldlegierung) verfälscht hatten, aus Furcht vor Strafe zu einem Kriege kommen, der so schlimm war, daß durch sie, als sie am Caelius zu einer Schlacht antraten, etwa siebentausend Soldaten den Tod fanden« (Aurelius Victor, Caesares 35,5).

Hinter der Moneta liegt ein im zweiten Jahrhundert errichtetes Privathaus mit stuckverzierten Räumen im Untergeschoss. Der Innenhof wurde dann, nachdem man die Türen zum Hof vermauert und über das Ganze ein Tonnengewölbe gelegt hatte, im zweiten Viertel des dritten Jahrhunderts in ein Mithräum verwandelt (*S. Clemente*).

Domus Aurea (Goldenes Haus)

Zunächst ließ Nero die Domus Transitoria errichten (Sueton, Nero 31), um die Domus Tiberiana mit den Gärten des Maecenas zu verbinden. Als das Haus jedoch im Brand von 64 n. Chr. beschädigt wurde, entschloss sich Nero zu einem neuen, grandiosen Entwurf: die Domus Aurea mit ihrer 119 Fuß (ca. 35 Meter) hohen von Zenodorus errichteten Kolossalstatue (Plinius, Naturalis historia 34,45). »Die heute weitgehend verschüttete Anlage«, so Sagax, »beschreibt in ihrer ganzen Maßlosigkeit Sueton wie folgt (Nero 31): ›Sein Vestibulum war dergestalt, dass in ihm eine Kolossalstatue mit seinen Gesichtszügen stand, 120 Fuß hoch; es war von solcher Größe, dass die dreifache Säulenhalle eine Ausdehnung von einer Meile besaß; ebenso fand sich darin ein See wie ein Meer, umgeben von Gebäuden, die den Anblick einer Stadt boten; zudem gab es abwechselnd Felder, Weingärten, Weiden und Parks, mit einer Menge von Vieh und wilden Tieren jeder Art. In den übrigen Teilen des Hauses war alles mit Gold, ausgesuchten Edelsteinen und Perlmutt ausgelegt; die Speisezimmer waren mit beweglichen Platten aus Elfenbein

Abb. 88
Innenraum der Domus Aurea.

eingedeckt, um Blumen, und mit Röhren, um Parfüm darüber (über die Speisenden) auszugießen; vor allem einen runden Speisesaal, der sich ständig, Tag und Nacht drehte wie das Weltall; die Bäder waren mit Meerwasser oder Wasser aus der Albulaquelle gespeist. Als er das so ausgestattete Haus nach seiner Vollendung einweihte, soll er seine Zufriedenheit dadurch ausgedrückt haben, dass er sagte, nunmehr könne er anfangen, wie ein Mensch zu leben.‹«

Die Architekten waren nach Tacitus (Annales 15,42) Severus und Celer, die Wanddekoration führte Fabullus (oder Famulus) aus; geschmückt wurde die Domus mit Kunstwerken aus Griechenland und Kleinasien, darunter vermutlich auch die Marmorgruppe des Laokoon, die Titus bei sich aufstellen ließ (Plinius, Naturalis historia 36,37). Die für den Bau notwendigen Grundstücksenteignungen forderten denn auch die Spottlust der Römer heraus, und Sueton überliefert die damals umlaufenden Verse (39,2): *Roma domus fiet: Veios migrate, Quirites,* | *Si non et Veios occupat ista domus* = »Rom wird ein einziges Haus: Flieht, Quiriten, nach Veji, sofern dieses Haus nicht auch Veji bedeckt«.

Der Eingangsbereich der jetzt zerstörten Domus Aurea lag am höchsten Punkt der Velia von der Via Sacra aus, dort, wo sich jetzt der Tempel der Venus und Roma befindet; er erstreckte sich unterhalb des Palatin und der Velia bis zur Servianischen Mauer im Osten, im Süden bis zum Caelius, wo Nero das Nymphäum auf dem Gelände des vormals geplanten Claudiustempels errichten ließ. Am Ort des späteren Kolosseums lag der erwähnte künstliche See. Der gesamte Komplex war 300 Meter lang und 190 Meter breit; davon ist nur noch ein Pavillon auf dem Oppius erhalten. Die Anlage wurde 104 bei einem Brand zerstört, die Reste in die Trajansthermen integriert.

Der westliche Teil des Hauses bestand aus rechtwinkligen Räumen, die um einen riesigen, mit einer Porticus versehenen rechteckigen Brunnenhof gruppiert waren, der einem Garten glich. Die an seiner Südseite gelegenen Räume waren zum Hof hin offen, von einem zentralen Saal, der dem Brunnen gegenüberlag, erreichbar und durch eine lange Porticus miteinander verbunden. Dort lagen die Schlafräume Neros und Poppaeas. Diese einstmals lichtdurchfluteten Räume wurden unter Trajan für seine Thermenanlage weitgehend zugemauert, früher gaben sie den Blick auf den See frei, an dessen Stelle nun das Kolosseum liegt. Alle Räume waren von Fabullus meisterhaft ausgemalt, und Plinius (Naturalis historia 35,120) beschreibt den Stil als *floridus et humidus* = leuchtend und pastos. Die vorherrschenden Farben waren Blau, Blutrot, Grasgrün, Indigo, Goldgelb und Bleiweiß, und es gab ein »gelbes Zimmer«, ein »schwarzes Zimmer« oder – nach der bestimmenden Dekoration – ein »Eulenzimmer«.

An der Ostseite lag ein prächtiges Nymphäum, das an den Schmalseiten eine Porticus mit vier Säulen besaß. Das Wasser lief an der Rückwand über Stufen in ein Becken in der Mitte des Raumes. Die Wände waren bis in zehn Meter Höhe mit Mosaiken geschmückt, zeigten zudem Malereien homerischer

Abb. 89
Sala ottagona der Domus Aurea.

Abb. 90
Trajansthermen.

Mythen. Die Mitte des Komplexes bildet die einen riesigen Hof umschließende Exedra. Dort lag das große »goldene Gewölbe«.

Die Ostseite des Palastes war durch einen überwölbten Gang bergseits abgeschlossen. An diesen, der als Bedienstetengang zu werten ist, schlossen sich die Zimmer an, die in der antiken Literatur als »Lusträume Neros« erscheinen. Auch dort befand sich in der Mitte ein luxuriöses Nymphaum, das sich zu dem berühmten achteckigen Kuppelsaal hin öffnete. Diese Konstruktion, von der aus sich weitere Räume an jeder Seitenwand öffneten, bildete die architektonische Vorlage des Kuppelsaals der Domus Augustana Domitians. Die Domus Aurea, die einige Elemente der Anlage des Lucullus auf dem Pincius aufnahm, benutzten nach Neros Tod nur noch Otho und Titus.

Titusthermen

Titus ließ im Jahr 80 seine Thermen errichten, die im Osten an die Domus Aurea angrenzten. Vermutlich handelt es sich um die bereits von Nero konzipierten (privaten?) Thermen, die der Kaiser umbauen ließ: eine symmetrische Anlage, an der Hauptachse einer zentralen Basilika ausgerichtet. Der Bautyp entspricht den neronischen Thermen auf dem Marsfeld.

Trajansthermen

Die Trajansthermen wurden von Appollodorus von Damascus auf der 104 durch Brand zerstörten Domus Aurea nach den Bauvorschriften Vitruvs erstellt, das heißt, das Caldarium wurde so ausgerichtet, dass es von mittags bis abends Sonne erhielt.

Alle späteren Thermenanlagen – Caracallathermen oder Deciusthermen – haben dieses Prinzip beachtet. Der am 22. Juni 109 eingeweihte Bau misst 330 × 315 Meter mit einem Mittelteil von 190 × 212 Metern. Er besitzt eine Umfassungsmauer und eine Exedra, wie sie Apollodor liebte. Man betritt die Thermen an der Nordseite, wo auch das Schwimmbecken (*natatio*) liegt. Links und rechts von der Porticus der Natatio liegen am Südende zwei runde Säle, durch die man zu je einem Sportplatz gelangt. Zwischen beiden Plätzen befindet sich in zentraler Lage eine große Basilika mit Zugang zum Tepidarium, dahinter schließlich das große Caldarium. Dahinter öffnet sich der freie Raum zu einer Exedra. Der ganze zentrale Thermenbau ist von der hufeisenförmigen Anlage der Sportplätze umgeben, die ebenfalls Exedren besitzen, wobei die südwestliche und südöstliche eine Bibliothek beherbergen. Das Wasser erhalten die Thermen durch eine große Zisterne, die etwas abseits im Nordwesten der Anlage liegt (*Sette Salle*).

Fagutal und Cispius

In diesem Bereich finden sich vor allem die Wohnstätten der »kleinen Leute«. Auch dort gab es ein

Nymphäum, das, um 50 v. Chr. entstanden, später der Domus Aurea weichen musste. Den Cispius, auf dem der Tempel der Juno Lucina liegt, umrunden zwei Straßen, in diesem Gebiet liegt auch die Porticus Liviae.

Porticus Liviae

Sagax führte nun Julius Primus vom Clivus Suburanus über eine Freitreppe zur Porticus Liviae. Dieser ca. 120 Meter lange und 95 Meter breite Bau ist um einen rechteckigen Platz mit doppelter Porticus gelegen, an deren Rückwänden sich Nischen befinden. In der Mitte des Platzes liegt der Altar der Concordia, in den Ecken des Platzes befinden sich vier Brunnen. Augustus hatte die Porticus in den Jahren 15 und 7 v. Chr. für Livia errichten lassen und dafür das Haus des berüchtigten Vedius Pollio, der seine Muränen mit missliebigen Sklaven fütterte, niederlegen lassen (Cassius Dio 54,23).

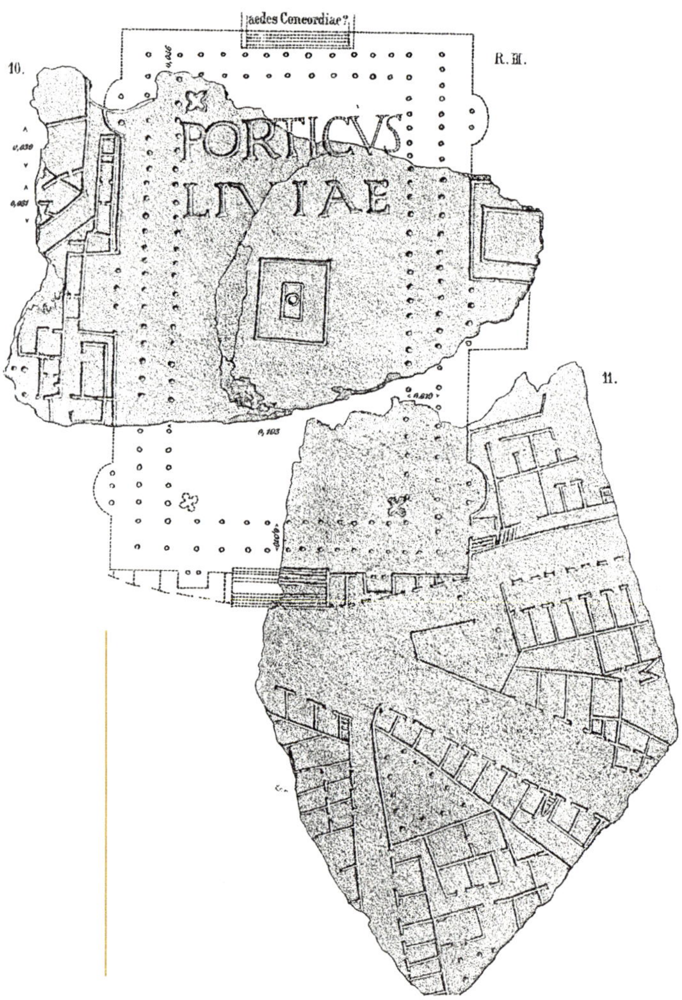

Altar des Mercurius

In der Nähe der Porticus Liviae nennt die Forma Urbis den Orpheusbrunnen (Lacus Orphei). Ebenfalls in der Nähe steht auf einem hohen Podest aus Travertin ein Marmoraltar für Merkur: »Der Imperator Caesar Augustus, Sohn des Vergöttlichten (Caesar), oberster Priester, zum elften Mal Consul, in seiner vierzehnten tribunizischen Gewalt, errichtete das Denkmal mit dem Geld, das vom römischen Volk während seiner Abwesenheit am 1. Januar unter dem Consulat des Iullus Antonius und des Fabius Africanus gesammelt wurde. Geweiht dem Merkur« (CIL VI 30974). Die Statue (*signum*) wurde im Jahr 10 v. Chr. aufgestellt an einer Straßenkreuzung (*compitum*), als Augustus die Stadt neu in Regionen ordnete (Sueton, Augustus 30,1). Sagax ergänzte: »Festus (383) sagt über das Signum Mercurii, das Viertel wurde als ›nüchtern‹ (*sobrium vicum*) bezeichnet, entweder weil sich dort keine Kneipe befand oder weil man dem Merkur Milch statt Wein opferte.«

Ein weiteres Haus aus augusteischer Zeit wurde im dritten Jahrhundert von den Familien der Arippii und Ulpii Vibii umgebaut und mit dionysischen Motiven in Mosaik geschmückt.[25]

Porta Esquilina (Gallienusbogen)

Ganz in der Nähe verläuft die Servianische Mauer mit der Porta Esquilina, die Augustus vollständig wiederherstellen ließ. Doch die ursprünglich ihm gewidmete Inschrift wurde getilgt und stattdessen von Aurelius Victor eine für Gallienus und dessen Ehefrau Salonina eingefügt: »Dem gütigsten Kaiser Gallienus, dessen unbesiegte Tugend nur von seiner Frömmigkeit übertroffen wird, und der heiligsten Augusta Salonina | von dem *vir egregius* Aurelius Victor, ergebenst ihrem Numen und ihrer Majestät« (CIL VI 1106).

Es handelt sich dabei um einen ungefähr quadratischen Bogen mit einfachem Gesims und korinthischen Eckpfeilern. Zu beiden Seiten befinden sich kleine Durchgänge. Hinter diesem Tor beginnt die Regio V.

Abb. 91
Plan der Porticus Liviae.

Abb. 92
Tempel der Minerva Medica.

Villa des Maecenas

Folgt man der Stadtmauer nach Süden, so stößt man auf das Auditorium Maecenatis. Den ursprünglichen Armenfriedhof ließ Maecenas für seine Zwecke überbauen. Dort befindet sich ein rechteckiger Saal von 10,6 Metern Breite und 24,4 Metern Länge mit einem 7,4 Meter hohen Gewölbe. An jeder Schmalseite liegt eine Apsis mit sieben halbkreisförmigen Stufen, ähnlich einem Theater. In dieses unterirdisch angelegte Gebäude führen Wasserleitungen: Es diente also als Nymphäum. An dieses schließen sich Zimmer und Gänge an. Alles ist Teil einer groß angelegten privaten Villa, die am Ende der Republik errichtet worden war. Der ursprüngliche Mosaikboden wurde später von einem Marmorboden verdeckt, die Wände waren mit Landschaftsmotiven bemalt. Maecenas, der dort begraben liegt, vererbte dann Haus und Gärten dem Augustus, und Tiberius wohnte dort nach seiner Rückkehr aus dem Exil in Rhodos. Ganz in der Nähe liegt auch das Grab des Dichters Horaz (Sueton, *fragmenta* 298).

Am Ende der Republik wurde das Gelände außerhalb der Servianischen Mauer von den reichen und eleganten Römern übernommen und überbaut. Auch später wurden Anlagen errichtet, so von Alexander Severus ein trapezförmiger dreistöckiger Brunnen, der sein Wasser aus der Aqua Julia bezog: das marmorne Nymphäum Alexandri.

In der Regio V (*Via Giolitti*), den Horti Liciniani, liegt auch der zehneckige Tempel der Minerva Medica mit seinem Durchmesser von 25 Metern. Er ist mit einer halbkugelförmigen Kuppel gedeckt, darunter öffnen sich zehn Fenster, eine Weiterentwicklung des achteckigen Domus-Aurea-Saales.

Im selben Gebiet, nahe der Aqua Marcia und dem Rivus Herculanensis liegt die im dritten Jahrhundert tief in den Tuff eingeschnittene Grabanlage der Aurelier. Von einem quadratischen Saal zweigen Katakombengänge ab. Ihre Malereien zeigen mythische Motive, aber auch christliche (so Adam und Eva, die Bergpredigt, ein Kreuz, das Himmlische Jerusalem), was darauf hindeutet, dass die Aurelier dem Christentum zuneigten.

Julius Primus war bezüglich dieser Darstellungen ziemlich überrascht, doch Sagax wies ihn darauf hin, dass Kaiser Gallienus unter dem Einfluss der plotinischen Philosophie die Christenverfolgung seines Vaters Valerian eingestellt hatte und stattdessen eine tolerante Haltung einnahm. »Die späteren Kaiser hatten angesichts der steten außen- und innenpolitischen Bedrohung entweder kein Interesse oder aber wegen der kurzen Dauer ihrer Regierung keine Zeit für eine neue Verfolgung.« Julius Primus nickte bedächtig: »Auch in Arles, Lyon und Trier macht sich diese Sekte breit, und meine eigene Frau äußert Sympathien!«

Zu den ältesten Tempeln Roms zählt hingegen derjenige der Spes Vetus. In seiner ursprünglichen Form bereits 477 v. Chr. geweiht, war er älter als der Spes-Tempel beim Forum Holitorium, der erst 260 v. Chr. erbaut wurde.

Abb. 93
Grabmal des Bäckers Eurysaces und seiner Frau in Form eines Backofens bei der Porta Maggiore.

Das alles wird von Sklaven verrichtet, während der Herr in der Toga den Vorgang überwacht. Das Grab wurde um 30 v. Chr. errichtet.«

Hinter der Porta Praenestina liegt das Vivarium, der Ort, wo die wilden Tiere vor ihrem »Auftritt« im Amphitheater untergebracht sind.

Unterirdische Basilika

In dieser Gegend liegt auch die Nekropole eines Freigelassenen des bekannten Consuls Statilius Taurus, der das erste Amphitheater unter Augustus in Rom errichten durfte. Außerhalb der Porta Praenestina befindet sich ferner eine unterirdische Basilika aus der frühen Kaiserzeit, die man von Osten her durch einen abschüssigen Gang betritt. Vorraum und Haupthalle sind in den Tuff geschnitten, die 7,25 Meter hohen Deckenstützen zementiert. Die Decke des stuckgeschmückten Vorraums besitzt

Abb. 94
Katakomben der Basilika.

Grabmal des Bäckers

Daneben fließt die Aqua Claudia, deren monumentaler Bogen Teil der Aurelianischen Stadtmauer wurde (*Porta Maggiore*). Dort, wo sich Via Labicana und Via Praenestina trennen, befindet sich die Porta Praenestina mit dem eindrucksvollen Grabmal des Bäckers Eurysaces.[26] Das Grabmal ist ein trapezförmiger Bau aus Tuff und Gussmauerwerk, mit Travertin verkleidet. Die Front zeigt über Halbsäulen röhrenartige Elemente, die Getreide- oder Mehlbehälter, vielleicht auch Teiggefäße symbolisieren, darüber einen glatten horizontalen Streifen, der die Grabinschrift trägt, sowie einen Figurenfries mit Gesims. Die Grabinschrift wurde auf den drei Schauseiten fast identisch formuliert: *Est hoc monimentum Marcei Vergilei Eurysacis pistoris, redemptoris, appa-ret(oris)* = »Dies ist das Grabmal des Marcus Vergilius Eurysaces, der Bäcker, Unternehmer und Unterbeamter war«. »Eurysaces«, so erklärte Sagax, »war wohl Stadtlieferant, stolz auf sein Unternehmen, und so ließ er seine Frau in einer Urne bestatten, die einen Backtrog (*panarium*) darstellt. Der Fries zeigt das Herstellen von Brot: Abwiegen des Getreides, Mahlen und Sieben des Mehls, Kneten des Teigs, Aufbewahren des Teigs in Gefäßen, den Backofen.

einen Luftschacht. Die Haupthalle wird durch sechs Stützpfeiler in drei Schiffe unterteilt, das mittlere endet in einer blau ausgemalten Apsis (*caelum*) mit einem erhöhten Sitz. Vorraum und Basilika zeigen einen weißen Mosaikfußboden, der entlang der Wände und Pfeiler mit schwarzen Steinen eingefasst wurde. Die Länge der Basilika beträgt zwölf Meter, die Breite neun Meter. Wände und Einwölbung zeigen realistische Szenen und Masken, zumeist aber Motive aus der griechischen Mythologie und Sagenwelt.

Quirinal und Viminal

Die beiden Hügel, *collis* genannt, die laut Livius 2,44 erst Servius Tullius in die Stadt einbezogen hatte, gehören zur Regio VI, die sich von der Aurelianischen Mauer und den Castra Praetoria bis zum Sarapistempel und der Porta Sanqualis erstreckt. Das Straßennetz, Vicus Patricius, Vicus Viminalis, Vicus Longus und Alta Semita, besteht hier aus langen, teils parallel geführten Wegen. Um eine bessere Bebauung zu erreichen, wurden die Täler zwischen den kleineren Hügeln immer wieder aufgefüllt: Im Süden liegt die Collis Latiaris, dahinter bei der Porta Sanqualis der Sanqualis oder Mucialis, nördlich der Salutaris mit dem Tempel der Salus, dann der Quirinalis mit dem Tempel des Quirinus. Die Gegend war seit früher Zeit besiedelt und Festus, der einen früheren Namen »Agonus« nennt (304; vgl Varro, Lingua Latina 5.51), lokalisierte hier die Sabiner mit ihrem König Titus Tatius. Daher führt man den Namen Quirinal auf die sabinische Stadt Cures zurück. Jedenfalls besitzt der Name den gleichen Stamm wie *curia* und *quirites*. In der servianischen Stadteinteilung trug dieses Gebiet den Tribusnamen Collina.

Der Viminal war gleich dem Cispius in republikanischer Zeit ein reines Wohngebiet, dessen einziges Heiligtum das der Neniae, der Göttinnen der Totenklage, war. Andere öffentliche Bauten – auch die Kaserne der *Cohors III Vigilum* an der Porta Viminalis – wurden erst in spätrepublikanischer Zeit errichtet. So ließ Cn. Plancius, *aedilis curulis* des Jahres 55 v. Chr., den kleinen Tempel der Diana Planciana erbauen. Das größte Gebäude entstand erst unter Tiberius: die Castra Praetoria.

Anders der Quirinal, wo als ältestes Heiligtum der von Titus Tatius dem Sabinergott Semo Sancus Dius Fidius gelobte, von Tarquinius Superbus begonnene und schließlich 466 geweihte Tempel bei der Porta Sanqualis steht. Auf dem Quirinal befinden sich auch das Capitolium Vetus mit der Drei-Götter-Verehrung wie auf dem Kapitolshügel sowie der Tempel des Quirinus, in dem sich ein Relief der Stadtgründung durch Romulus und Remus befindet, da sich Romulus selbst als Gott Quirinus hatte verehren lassen. Augustus ließ den Tempel dann umbauen.

Bei der Porta Salutaris steht der Tempel der Salus, den C. Iunius Bubulcus, Consul des Jahres 311 v. Chr., nach seinem Sieg im Zweiten Samnitenkrieg 306 – 303 errichtet hatte. Der Tempel wurde von Fabius Pictor, der uns eher als Geschichtsschreiber bekannt ist, mit Schlachtenbildern ausgemalt (Plinius, Naturalis Historia 35,19).

Am Vicus Longus nahe der Porta Collina liegen die Heiligtümer der Pudicitia Plebeia (Schamhaftigkeit der Plebejerinnen), der Fortuna (Glück), der Spes (Hoffnung) und der Febris (fiebrige Erkrankung). Außerhalb stehen die Tempel der Venus Erycina (Venus vom Berge Eryx in Sizilien), 215 v. Chr. beschlossen und in den Jahren 184 und 181 erbaut, wofür das ursprüngliche Heiligtum geplündert wurde; ferner einer des Hercules. Domitian errichtete an der Stelle seines Geburtshauses (*51 n. Chr.) ein Heiligtum der Gens Flavia, jetzt nahe der Aurelianischen Mauer gelegen.

Nahe der Porta Salutaris befindet sich der von Caracalla erbaute Tempel des Sarapis, der, an den Hügel angelehnt, über eine Treppe erreichbar ist. Der Tempel ist mit 135 × 98 Metern recht groß, seine Säulen besitzen einen Durchmesser von fast zwei Metern bei einer Höhe von 21,17 Metern.

In diesem Viertel wohnten Vespasian »ad Malum Punicum« (beim Granatapfel), T. Pomponius Atticus in dem sogenannten »Tamphilianum«, das ihm sein Onkel Q. Caecilius vererbt hatte (Nepos, Atticus 13.1–2), und – im dritten Stock eines Mietshauses – Martial. Die größte Villa war die Caesars, die später Sallust erwarb. Zur Zeit des Tiberius gingen dann die Horti Sallustiani, die Gärten des Sallust, in kaiserlichen Besitz über und wurden mehrfach umgestaltet.

Außerhalb der Servianischen Mauer, zum Marsfeld hin, liegen Friedhöfe aus republikanischer Zeit, die meisten aber entstammen der frühen Kaiserzeit.

Im Viertel hinter dem Tempel des Sarapis finden sich die von Naevius Clemens Ende des ersten Jahr-

Abb. 95
Gründung der Stadt Aquileia durch Umfahrung der Stadtgrenzen mit einem Pflug.

hunderts n. Chr. errichteten, in trajanischer und severischer Zeit restaurierten Lagerräume [*jetzt unter den Konstantinsthermen*].

Grabmal der Sempronier

Am äußersten Westrand des Quirinals liegt nach Südwesten gerichtet die Grabanlage der Sempronier, ganz aus Travertinblöcken gemauert. Ein drei Meter langer überwölbter Gang führt zur Cella, die aus Ziegeln errichtet wurde. Über dem Eingangsbogen steht die Inschrift: *Cn(aeus) Sempronius Cn(aei) f(ilius) Rom(ilia); | Sempronia Cn(aei) f(ilia) soror; | Larcia M(anii) f(ilia) mater* = »Cn(aeus) Sempronius, Sohn des Cnaeus, aus der Tribus Romilia; die Schwester Sempronia, Tochter des Cnaeus; die Mutter Larcia, Tochter des Manius« (CIL VI 26152).

Domitian ließ seinerzeit an den Orten, wo die Feuersbrunst des Jahres 64 schließlich erlosch, Altäre aufstellen. An ihnen sollte jährlich am 23. August, dem Fest der Volcanalia, ein Opfer dargebracht werden.

In der Nähe liegt ein Haus des zweiten Jahrhunderts n. Chr. (*nahe dem Palazzo Barberini*), in dem ein Mithräum mit den Maßen 11,85 × 6,25 Meter und 4,45 Meter Höhe mit einem Tonnengewölbe eingerichtet und mit schönen Malereien ausgestattet wurde.

Die Gärten des Sallust

»Das vormals von Caesar mit einer Villa bebaute Gelände außerhalb der Servianischen Mauer erwarb nach dessen Tod der Historiker Sallust, der dort einen Park (*horti*) anlegen ließ«, erklärte Sagax. »Sein Adoptivsohn erbte im Jahr 20 n. Chr. die Anlage, die dann aber in kaiserlichen Besitz überging. Tiberius wohnte dort ebenso wie Vespasian, Kaiser Nerva starb hier. Dort fanden auch im Jahr 69 Kämpfe zwischen den Anhängern des Vespasian (*partes Flavianae*) und den Vitellianern statt. Aurelian zog den Ort dem Palatin vor und erbaute in der Nähe die Porticus Milliariense, seine Privatreitbahn, *in qua cottidie et equos et se fatigabat* = ›in der er täglich die Pferde und sich selbst müde ritt‹ (Historia Augusta, Aurelian 49,1 f.): Aurelian war zuvor General der Kavallerie gewesen.«

Der bedeutende Villenkomplex steht im Tal zwischen Quirinal und Pincius und ist von Arkadenmauern umgeben, die bis an die Servianische Mauer reichen. Hauptteil der Anlage ist ein großer kreisrunder Saal mit 11,21 Metern Durchmesser und einer Höhe von 13,28 Metern, überwölbt von einer Kuppel, die aus flachen und konkaven Elementen besteht. An jeder Seite befinden sich drei Nischen, zwei davon sind mit Räumen verbunden, die als Nymphäum dienen. Der Kuppelsaal ist von rechteckigen Räumen umgeben, aus einem größeren führt eine breite Treppe in das Obergeschoss. Dieser Bauzustand ist aber erst Hadrian um 120 bis 123 zuzuschreiben und zeigt deshalb Ähnlichkeiten mit dem Bau in Tivoli. Der Saal war wohl als Sommerspeisesaal (*cenatio*) vorgesehen. Außerdem ließ Hadrian eine riesige Zisterne anlegen, 38,55 Meter lang und 3,30 Meter hoch. Sie ist in vier untereinander verbundene Schiffe gegliedert, die auf einem 1,80 Meter hohen Unterbau ruhen.

Castra Praetoria

»Auf Anregung des Praetorianerpräfekten Sejan ließ Tiberius zwischen 21 und 23 n. Chr. nahe der Porta Nomentana eine Kaserne für die Praetorianer errichten und die noch unter Augustus geschaffene kaiserliche Garde, die bis dahin über die ganze Stadt verteilt war, dort zusammenführen. Auf diese Weise wollte Sejan seine Macht ausbauen, da er selbst nach Teilhabe an der Herrschaft strebte«, erklärte Sagax seinem Begleiter.

Die Castra bedecken ein Areal von 440 × 380 Metern, eingefasst von einer Ziegelmauer. Angelegt nach dem Vorbild eines Legionslagers besitzen sie zwei Hauptachsen, die zu je einem Tor führen. Die 4,75 Meter hohen Mauern wurden später in die Aurelianische Stadtmauer einbezogen und dabei um 2,5 bis 3 Meter erhöht, zudem das Nord- und das Osttor vermauert. Auf der Innenseite der Mauern liegen kleine Räume, im Zentrum der Anlage die zweistöckigen Kasernen. Zur Stadtseite gerichtet steht ein Marmorbogen. Der Exerzierplatz liegt außerhalb der Mauer.

Via Lata und Pincius

Julius Primus und Sagax durchwanderten nunmehr die Regio VII, die den östlichen Teil des Marsfeldes umfasst, rechts der Via Lata (*Corso*) und westlich der Collis Hortulorum (*Pincio*). Die Regio befand sich ursprünglich außerhalb des Stadtgebietes, weshalb dort Gräber angelegt werden konnten.

Grabmal des Publicius Bibulus

So liegt fast zu Füßen des Capitols an der Servianischen Stadtmauer das Grabmal des C. Publicius Bibulus: Auf einem Unterbau aus Tuff und Travertin steht die rechteckige Cella mit einer von vier tuskischen Pfeilern flankierten Pforte. Der Unterbau trägt die Inschrift: »Dem Ädil der Plebejergemeinde Caius Publicius Bibulus wurde in Anerkennung seiner Tüchtigkeit und seiner Verdienste auf Beschluss des Senats und des Volkes aus öffentlichen Mitteln ein Gelände als Begräbnisplatz für ihn und seine Nachkommen gewährt« (CIL VI 1319). »Es war relativ selten«, erklärte Sagax, »dass der Senat diese Gunst gewährte, und für solch öffentliche Ehrung kam nur das Marsfeld in Betracht. Allerdings ist trotz des Wortlautes der Inschrift nicht ganz klar, ob dieser *aedilis plebis* identisch ist mit dem bedeutenden Volkstribun von 209 v. Chr.«

Auf dem Pincius, vom Marsfeld aus sichtbar, stand das Grabmal der Domitier. »Dorthin«, so erzählte Sagax, »brachten – nach seinem Selbstmord – die beiden Ammen Egloge und Alexandria sowie seine Geliebte Akte den in weiße und goldene Decken gehüllten Leichnam Neros und bestatteten ihn in einem Porphyrsarkophag unter einem Marmoraltar (Sueton, Nero 50).«

Villa des Lucullus

Zu Ende der Republik entstanden auch auf dem Pincius große Häuser. So ließ Lucullus nach seinem Triumph über Mithradates im Jahr 63 v. Chr. seine Villa errichten. Der Bau ist terrassenförmig angelegt mit einer Freitreppe entlang des Hügels, ebenso der obere Teil, der den Aspekt einer großen Exedra besitzt. Damit ähnelt die Anlage ungefähr dem Tempel der Fortuna Primigenia in Praeneste. Die Villa wurde kostbar mit Mosaiken aus Glaspaste und Stuck ausgestattet. Später gehörte sie dem Valerius Asiaticus, den Messalina zum Selbstmord zwang, um selbst die Villa zu besitzen (47 n. Chr., Tacitus, Annales 11,1–3). So ging sie in kaiserlichen Besitz über. In der Nähe liegen die etwas weniger prächtigen Villen der Anicii und der Pincii.

Bogen des Claudius

Die große Bautätigkeit begann dann mit Agrippa, der dort die Aqua Virgo errichten ließ. Den Bogen, der die Via Lata überquert, ließ Claudius später in Erinnerung an seinen Sieg in Britannien in einen

Ehrenbogen umgestalten: *Ti(berius) Claudius Drusi f(ilius) Caesar Augustus Germanicus,* | *pontifex maxim(us), trib(unica) potest(ate) V, imp(erator) XI, p(ater) p(atriae), co(n)s(ul) desig(natus) IIII,* | *arcús ductús aquae Virginis disturbatos per C(aium) Caesarem* | *a fundamentis novos fecit ac restituit* = »Tiberius Claudius, Sohn des Drusus, Caesar Augustus Germanicus, oberster Priester, zum 5. Mal Inhaber der Gewalt eines Volkstribuns, zum 11. Mal zum Imperator ausgerufen, Vater des Vaterlandes, zum 4. Mal Consul, baute die Bögen der Aqua Virgo, die Caius Caesar (Caligula) zerstört hatte, von Grund auf neu und stellte sie wieder her« (CIL VI 1252, Januar 45/6): Caligula hatte auf dem Marsfeld ein Amphitheater geplant, kam aber über die Abbrucharbeiten nicht hinaus.

Ein weiterer Ehrenbogen wurde von Hadrian errichtet und zeigt neben einer Ansprache des Kaisers (*adlocutio*) die »Himmelfahrt« (Apotheose) der Kaiserin Sabina.[27]

Agrippa ließ im Jahr 7 v. Chr. einen Park anlegen, den Campus Agrippae, in dessen Nähe die Porticus Vipsaniae liegt, die dann Augustus vollendete. Agrippa besaß dort ebenfalls eine Villa, bei der er bestattet wurde. Auch die *Cohors I Vigilum* wurde hier stationiert, und hier liegt auch das Forum Suarium, der »Schweinemarkt«.

Entlang der Via Lata, einer Prachtstraße, reihen sich Wohnviertel mit Geschäften, die sich zu den Porticen öffnen. Hier liegt das Catabulum des *cursus publicus*, eine Art Hauptpostamt. Vor allem im dritten Jahrhundert wurde dort gebaut: Gordian III. ließ eine 1000 Fuß lange Porticus anlegen, Aurelian 273 seinen bedeutenden Sol-Helios-Tempel. Dahinter liegen zwei weitere Porticen, die der Lagerung und Gratisverteilung von Wein dienen (*vina fiscalia*).

Das Marsfeld

Die Ebene außerhalb der Servianischen Mauer zwischen Kapitol im Süden, Tiber im Westen und Pincius wird als Campus Martius bezeichnet, durchschnitten von der Via Flaminia, die die Porta Flaminia mit der Porta Fontinalis verbindet und so einen Teil der Via Lata bildet. Das Gebiet ist in zwei Regionen geteilt: Das Gebiet um die Via Lata gehört zur Regio VII, der Rest zur Regio IX. Die dort angelegten Straßen verlaufen weitgehend parallel zur Via Lata. Es ist ersichtlich, dass der Mittelteil des Marsfeldes und der Süden früher bebaut waren als der nördliche Teil, der erst in hadrianischer Zeit bedeutende Großbauten erhielt.

»Das Marsfeld«, so erzählte Sagax seinem Begleiter, »soll ursprünglich Privateigentum der Tarquinier gewesen sein – *ager Tarquiniorum* nennt es Livius (2,5,2) –, bis es nach deren Vertreibung in den Besitz des Staates überging. So befindet sich dort auch eine der ältesten Kultstätten, das Tarentum, dort war der Ursprung der *ludi saeculares*. Daneben liegt die Wagenrennbahn Trigarium, so genannt nach *triga*, dem mit drei Pferden bespannten Rennwagen. Hier findet auch das Ritual des *equus October* statt, ein Wettstreit der Stadtviertel ›Sacravienses‹ und ›Suburani‹.«

Im Mittelteil des Campus Martius steht der Altar des Mars in nicht allzu großer Entfernung zur Porta Fontinalis, mit der er durch eine Porticus verbunden ist.

In dem Dreieck zwischen Saepta im Norden, Circus Flaminius im Süden und Kapitol steht die Villa Publica, ein Park mit dem Amtssitz der Censoren und deren Archiv, im Norden davon die Saepta, ein großer rechteckiger, von einer Porticus gesäumter Platz von 310 Metern Länge und 44 Metern Breite: der Wahlort – später Wahllokal – der Römer.

Neben den alten Kultplätzen bot sich das weite ebene Gelände an für repräsentative öffentliche Bauten. Strabo schreibt darüber: »Pompeius, der Gott Caesar, Augustus, seine Söhne und Freunde, seine Gattin und seine Schwester haben mit Eifer und Aufwand für Bauten alles Frühere [zur Ausschmückung der Stadt] übertroffen. Die meisten Werke befinden sich auf dem Marsfeld, das zu seiner natürlichen Anlage noch Verschönerung durch weise Planung vereint. Denn die Größe des Platzes ist bewunderungswürdig und bietet bei der ungeheuren Menge derer, die mit dem Ball spielen, mit Reifen üben und ringen, zudem uneingeschränkt Raum für Wagenrennen und Kunstreiten; und die umstehenden Gebäude und der das ganze Jahr über grüne Grund, ferner der Kranz der über dem Strome sichtbaren und bis zu seinem Bette reichenden Hügel bieten eine malerische Theaterkulisse, deren Anblick man sich nur schwer entziehen kann. Daher hat man, weil man

Abb. 96
Rekonstruktion des Marsfeldes
(Aquarell von Peter Connolly).

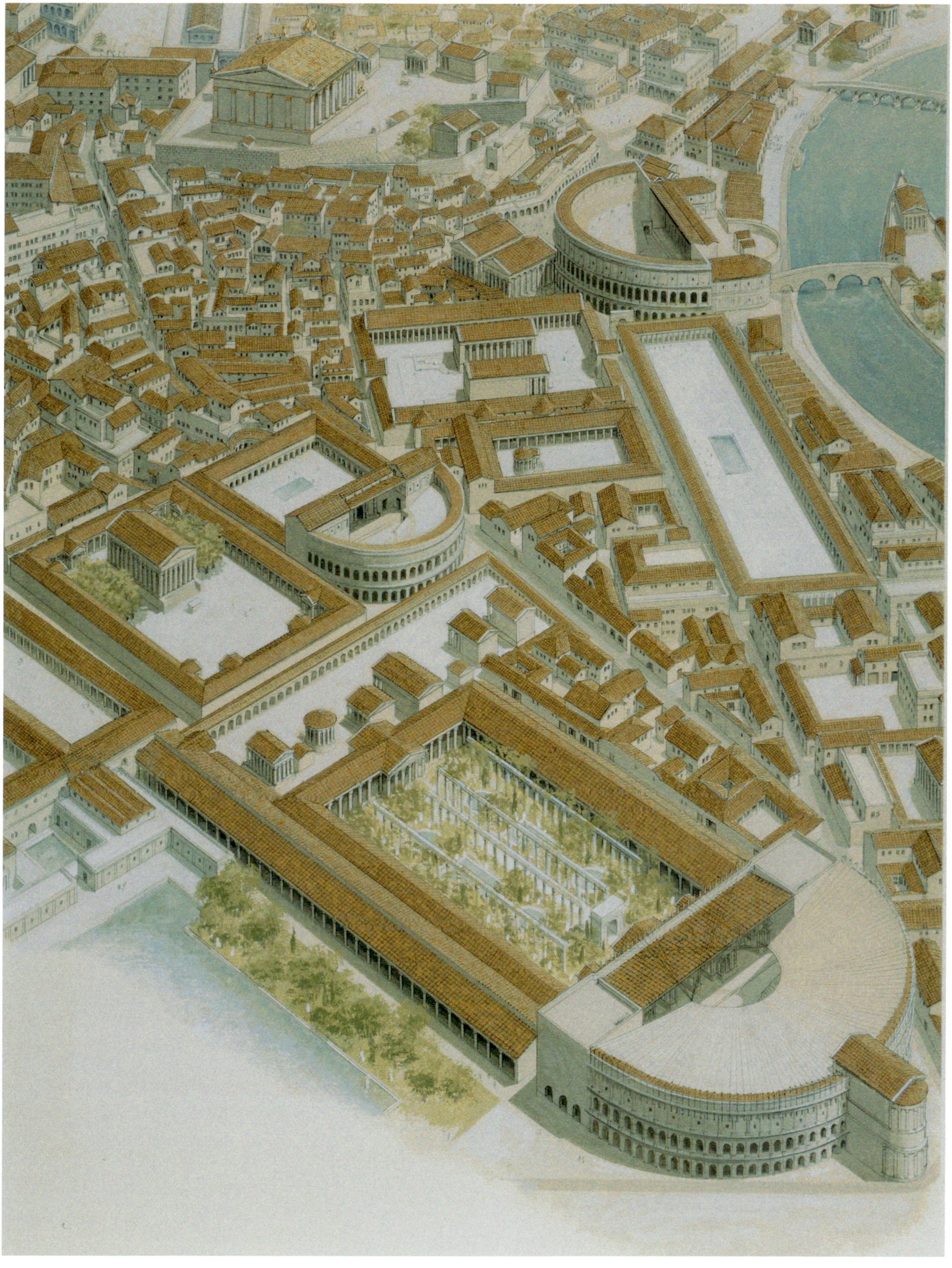

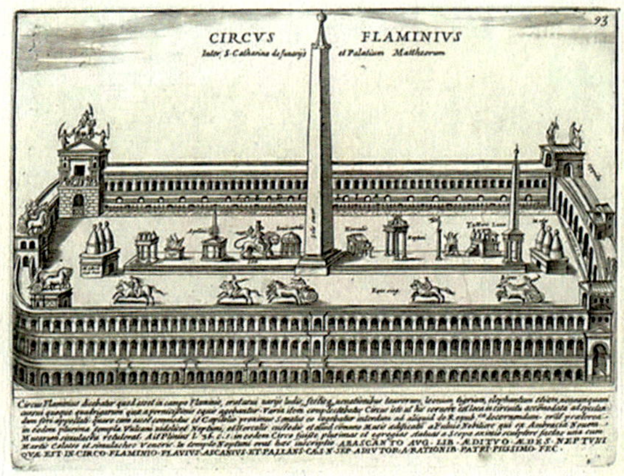

Abb. 97
Rekonstruktion des Circus Flaminius.

(= die Römer) diesen Platz als besonders ehrwürdig empfand, dort die Denkmäler für die herausragendsten Männer und Frauen errichtet […] In der Nähe des Marsfelds liegt noch ein anderes Feld und viele Säulenhallen, Haine, drei Theater und ein Amphitheater, prächtige, alle nebeneinanderliegende Tempel, als wollten diese es überflüssig erscheinen lassen, die übrige Stadt noch darzustellen« (Geographica 5,3,8 = 236).

Der älteste Tempelbau war das 431 v. Chr. gegründete Apolloheiligtum nahe dem späteren Marcellustheater, daneben der im dritten Jahrhundert erbaute Bellonatempel. Griechisch-hellenistischen Einfluss zeigen der Tempel des Herkules und der Musen aus dem Jahr 187 v. Chr., die Porticus Octavia von 168 v. Chr. und die des Metellus von 146 v. Chr. Pompejus erbaute den Tempel mit Theater und Porticus, und Caesar plante sogar, den Tiber umzuleiten, um so das Marsfeld zu vergrößern.

Eine neue Bebauungsphase begann mit Augustus und Agrippa: Marcellustheater, Theater des Balbus, Amphitheater des Statilius Taurus, Agrippa-Thermen, Pantheon, Saepta, Ara Pacis, Mausoleum des Augustus, Thermen des Nero, die der Brand zerstörte. Unter Domitian entstanden das Stadion, das Odeon, das Heiligtum Divorum Augustorum, der Tempel der Minerva Chalcidica. Seit Hadrian und Antoninus Pius bis Commodus bauten die Kaiser entlang der Via Recta den Tempel der Matidia und den des vergöttlichten Hadrian. Ab dem dritten Jahrhundert begann man die Bereiche der Regio VII jenseits der Via Lata zu bebauen.

Circus Flaminius

Der Censor C. Flaminius Nepos, Erbauer der Via Flaminia, ließ 221 v. Chr. den Circus als Konkurrenz und Ausweichort für den älteren Circus Maximus errichten.

Dort finden die Versammlungen der Plebejer (*concilia plebis*) und die Plebejerspiele (*ludi plebei*) statt. Der Circus steht nahe dem Marcellustheater, der Porticus Octaviae und dem Tiber. Dort nimmt auch der Triumphzug siegreicher Feldherren seinen Ausgang, und so ist auch die Umgebung mit Siegesmonumenten und Porticen geschmückt, erbaut aus der Kriegsbeute. »Der auffallendste Triumphzug«, sagte Sagax, »war in republikanischer Zeit natürlich der des Pompejus, der ja den gesamten Osten vom Schwarzen Meer bis Judaea erobert beziehungsweise befriedet hatte. Er wird von Plutarch in der Biographie des Pompejus eingehend beschrieben (Kap. 45), und vor allem die Tafeln mit den vielen von ihm eroberten Orten wie die exotisch gekleideten Kriegsgefangenen sollen Aufsehen erregt haben. Derartig spektakuläre Triumphzüge waren in späterer Zeit selten. Aber ich möchte doch wenigstens auf den des Kaisers Aurelian verweisen. Ich war nicht dabei, aber man erzählt, dass allein drei Königswagen vorgeführt wurden, darunter der Wagen des Gotenkönigs, ein Viergespann von Hirschen, die Aurelian dann dem Juppiter Optimus Maximus opferte. ›Den Zug‹, so schreibt ein Berichterstatter (Historia Augusta, Aurelian 33f.), ›eröffneten zwanzig Elefanten, gezähmte libysche Bestien, […] vier Tiger, Giraffen, Elche und andere Tiergattungen, […] achthundert Paar Gladiatoren – abgesehen von den fremdstämmigen Kriegsgefangenen –, Blemmyer, Exomiten, Araber aus der Arabia Felix, Inder, Baktrer, Hiberer, Sarazenen und Perser, alle mit ihren Gaben, Goten, Alanen, Roxolanen, Sarmaten, Franken, Sueben, Vandalen und Germanen als Kriegsgefangene mit gefesselten Händen. […] Es wurden auch zehn Frauen aufgeführt, die Aurelian, als sie in Männertracht unter den Goten kämpften, gefangengenommen hatte […] und die ein Plakat als vom Stamm der Amazonen bezeichnete; Schautafeln mit den Namen der betreffenden Völker wurden vorausgetragen. […] Wesentlich zum Glanz der Veranstaltung trugen die Einwohner von Rom bei, die Fahnen der Zünfte und der Standlager, die Panzerreiter, die Gardetruppen, das gesamte Heer und der Senat. [...] An den folgenden Tagen gab es für das Volk allerlei Lustbarkeiten, so Theateraufführungen, Zirkusspiele, Tierhetzen, Gladiatorenkämpfe und Seeschlachten.‹ Natürlich wurden auch Geld und Speisen verteilt.«

Die Tempel auf dem Marsfeld

Das Marsfeld glänzte vor allem durch die vielen in der Republik begründeten Tempel und Porticen; so der 431 von Cn. Julius errichtete Apollotempel, 179 von M. Fulvius Nobilior erneuert. Appius Claudius Caecus errichtete 296 einen Bellonatempel, und ebenfalls im dritten Jahrhundert entstand der Tempel des Vulcanus, um 220 der des Herkules Custos, Ende des dritten Jahrhunderts der des Neptun. 187 errichtete M. Fulvius Nobilior den Tempel für Herkules und die Musen, 181 M. Acilius Glabrio den der Pietas; 179 entstanden die Tempel der Juno Regina und der Diana durch M. Aemilius Lepidus, 164 der des Juppiter Stator von Q. Caecilius Metellus, 132 der Marstempel des Brutus Callaecus, Anfang des ersten Jahrhunderts (?) der Dioskurentempel. 168 erbaute Cn. Octavius die Porticus Octavia, 146 Q. Caecilius Metellus Macedonicus die Porticus Metelli und 29 v. Chr. L. Marcius Philippus die Porticus Philippi.

Marcellustheater

Von Caesar als Ersatz eines früheren Holzbaues begonnen, wurde es von Augustus im Jahr 17 v. Chr., dem Jahr der Saecularfeiern, vollendet, aber erst 13 oder 12 v. Chr. feierlich im Namen des bereits 23 v. Chr. verstorbenen Marcellus, Schwiegersohn des Augustus, eingeweiht.

Die Außenseite aus Travertin besteht aus 41 Arkaden mit 42 Halbsäulen, die drei Stockwerke wurden in dorischem, jonischem und korinthischem Stil errichtet. Die Bogenscheitel sind mit marmornen Theatermasken geschmückt, die Eingangshalle

Abb. 98
Teilansicht der Fassade des Marcellustheaters.

stuckverziert. Das Theater ist 32,60 Meter hoch und besitzt einen Durchmesser von 129,80 Metern. Die Sitzreihen fassen 15 000 bis 20 000 Zuschauer. Links und rechts der Bühne liegen Säle mit Apsiden. Die hinter der Bühne befindliche große Exedra umfasst die beiden Tempelchen für Pietas und Diana, die für den Bau der Zuschauerränge verlegt werden mussten.

Tempel des Apollo und der Bellona

Schon 449 v. Chr. wurde wegen einer Pestepidemie geplant, einen Apollotempel zu errichten. 433 wurde das Gelübde erneuert und der Tempel schließlich 431 eingeweiht: Apollo Medicus war ein rein griechischer Gott. In den Jahren 353 und 179 wurde der Tempel umgebaut und ausgebessert, 34 v. Chr. ließ ihn C. Sosius völlig neu in korinthischem Stil errichten. Er wurde schon frühzeitig zum beliebten Sitzungsaal des Senats. Das Podium mit den Maßen 40 × 21,32 Metern liegt in nur sechs Metern Abstand zum Marcellustheater, so dass statt einer Fronttreppe Seitentreppen angelegt wurden. An seiner Stirnseite stehen sechs, an den Längsseiten je drei Säulen von 14 Metern Höhe, darauf ruht ein Architrav mit einem Fries aus Stierköpfen und Olivenzweigen. Der Giebel war von einem griechischen Tempel des fünften Jahrhunderts v. Chr. geraubt und von Octavian-Augustus nach Rom gebracht worden. Die Cellawand ist durch Halbsäulen gegliedert, innen stehen Säulen aus verschiedenfarbigem Marmor, der Fußboden ist mit Marmor belegt. Dort befinden sich berühmte Gemälde des Aristides Thebanus, Statuen von Philiskos aus Rhodos, ein Apoll mit Kithara von Timarchides und eine Niobidengruppe des Skopas (oder Praxiteles? Plinius, Naturalis historia 36,28).

Östlich des Tempels steht der 296 v. Chr. von Appius Claudius Caecus erbaute Bellona-Tempel.

Porticus Octaviae

Sie steht an der Stelle der 146 v. Chr. von Q. Caecilius Metellus Macedonicus begonnenen und 131 geweihten Porticus und umschließt den Tempel der Juno Regina, den auf Veranlassung des Censors M. Aemilius Lepidus der griechische Architekt Hermodorus von Salamis vollständig aus Marmor errichtet hatte, sowie den des Juppiter Stator. Augustus begann um 33 v. Chr. den Umbau, der 23 v. Chr. abgeschlossen war und seiner Schwester Octavia, der Mutter des Marcellus, gewidmet wurde. Die Porticus, 119 Meter breit und 132 Meter tief, musste nach dem Brand 80 n. Chr. restauriert werden, ebenso unter Septimius Severus 203 nach dem Brand von 191, was die Kaiser Septimius Severus und Caracalla auf einem Architrav dokumentierten: *incendio corruptam rest(ituerunt)* (CIL VI 1034; der Name Getas wurde getilgt).

Abb. 99
Römisches Relief mit Szenen eines Census.

Vor den Tempeln hatte Metellus geraubte Kunstwerke aus Makedonien aufstellen lassen, Reiterstatuen von Lysipp, die Alexander und seine Generäle bei der Schlacht am Granikos darstellen (Velleius 1,11,3–5). Außerdem stand dort die um 100 v.Chr. errichtete Bronzestatue der Cornelia: *Cornelia Africani f(ilia),* | *Gracchorum* = Cornelia, Tochter des (Scipio) Africanus (d. Ä.), (Mutter) der Gracchen (CIL 10043; Plinius, Naturalis historia 34,31). Hinter den Tempeln befindet sich die Curia Octavia mit der gleichnamigen Bibliothek.

Tempel des Neptun

Auch den Tempel des Neptum nahe dem einstigen Kriegshafen Roms beim Marsfeld entwarf Hermodorus von Samos aus Marmor. Die Kultstatue steht auf einer Basis, die Abbildungen des Census, aber auch Meermotive zeigt (sogenannter Altar des Domitius Ahenobarbus). Nahebei führt auch der Pons Agrippae über den Tiber.

Auch öffentliche Gebäude finden sich dort, die in domitianischer Zeit nach dem Brand von 80 n.Chr. angelegt wurden. Auf das Trigarium verweisen Mosaiken mit Kunstreitern (*desultores*), hier liegen auch die Ställe der Renngilden (*stabulae factionum*).[28] Auf dem Marsfeld wurden auch die Consuln Aulus Hirtius und Vibius Pansa bestattet, die beide in der Schlacht bei Mutina (*Modena*) gegen Marc Anton am 21. April 43 v.Chr. tödlich verwundet wurden.

Area Sacra (*Largo Argentina*)

Im Mittelteil des Marsfelds, eingegrenzt vom Hekatostylum (Halle der hundert Säulen), den Agrippathermen im Norden, den Anlagen am Circus Flaminius im Süden, im Westen durch die Porticus des Pompejustheaters und im Osten durch die Porticus Minucia Frumentaria, finden sich alte Tempel, die nach einem Brand des südlichen Marsfeldes im Jahr 80 n.Chr. ebenfalls von Domitian restauriert wurden. Aber bereits nach dem Brand von 111 v.Chr. war der Bereich um die vier Tempel verändert worden: Die Rechtecktempel und der Rundtempel in ihrer Mitte wurden durch ein Tuffsteinpflaster auf ein gleiches Niveau gehoben und von einer Porticus zu einem Komplex zusammengefasst.

Den ältesten der Tempel hatte schon Aulus Postumius Albinus, vermutlich der Consul des Jahres 151 v.Chr., wiederherstellen lassen. Die Porticus selbst wurde 107 v.Chr. vom Consul M. Minucius Rufus nach seinem Sieg über die thrakischen Skordisker als Porticus Minucia Vetus errichtet. Dort ließ dann Kaiser Claudius das Amt der *frumentatio*, der unentgeltlichen Getreideversorgung der ärmeren Bevölkerung (*plebs frumentaria*), unterbringen und die Porticus Vetus auf Kosten der Villa Publica auf die Größe von 150 × 115 Metern erweitern. Der südlichstgelegene Tempel wurde den Lares Permarini 179 geweiht (so der Kalender von Praeneste), den Rundtempel aber hatte Q. Lutatius Catulus, Consul mit Marius im Jahr 101, als *Aedes Fortunae Huiusce Diei* (= Tempel der Glücksgöttin des heutigen Tages) aus Dank für seinen Sieg über die Kimbern bei Vercellae gestiftet. Der links davon stehende Tempel ist wohl der alte Tempel der Feronia (vor 217), der rechte der Iuturna geweiht: Ihn stiftete Q. Lutatius Catulus nach einem Sieg über Karthago im Jahr 241 v. Chr. Der Dichter Ovid beschreibt ihn in seinen »Fasti« als nahe dem Ende der Aqua Virgo und den Agrippathermen gelegen (Ovid, Fasti I zum 11. Januar = Carmentalia).

Seit Septimius Severus findet sich auf diesem Gelände auch das Amt der städtischen Wasseraufsicht, die *cura aquarum et Minuciae.*

Theater des Balbus

Das 13 v.Chr. von L. Cornelius Balbus geweihte Theater ist das kleinste der drei auf dem Marsfeld errichteten. Auch dieses ist mit einer Porticus umgeben, in deren Mitte ein Vulkantempel steht.

Theater des Pompejus

Die unermessliche Beute der kleinasiatischen Feldzüge ermöglichte Pompejus, repräsentative Bauten auf dem Marsfeld zu errichten, so ein Theater mit einem Durchmesser des Zuschauerraumes von 150 Metern und einer Höhe von 45 Metern. Es war das erste fest gemauerte Theater Roms und wurde am 29. September 55 v.Chr. eingeweiht (Cicero, De officiis 2,60; Gellius 10,1,7–9). Nach Plutarch (Pompeius 42) soll es dem Theater von Mytilene nachgebaut worden sein und Plinius schreibt (Naturalis historia 36,115), es habe über 40000 Sitzplätze. Oberhalb des Theaterrunds (*cavea*) liegt der Tempel der Venus Victrix. Auf der Bühne des Theaters stehen riesige, vier Meter hohe Statuen von Apollo und Mars. Augustus restaurierte im Jahr 32 v.Chr. das Theater, Tiberius erneuerte die Bühne, Domitian den gesamten Bau nach dem Brand vom Jahr 80.[29]

Abb. 100
Pompejustheater.

Abb. 101
Latrinen in Ostia.

Die Porticus hinter dem Theater ist 180 Meter lang und 135 Meter breit und umschließt eine Gartenanlage mit Brunnen und Statuen griechischer Herkunft, die Atticus ausgewählt hatte. Gegenüber dem Theater liegt eine quadratische Exedra (20 × 20 Meter), die Curia Pompeia, Ort von Senatssitzungen, wo auch eine Pompejusstatue stand, zu deren Füßen Caesar am 15. März 44 ermordet wurde. Die Triumvirn ließen die Curia vermauern; später wurde dort eine groß dimensionierte Latrine errichtet, deren Nutzen sich allein schon von der Nähe zum Circus Maximus, den Tempeln, der Saepta Julia und anderen öffentlichen Gebäuden anbot (Cassius Dio 47,19,1).

Hecatostylum

Auf der Nordseite der Porticus und der Area Sacra steht das Hecatostylum, eine »Einhundert-Säulen-Halle«, die offiziell den Namen Porticus Lentulorum trägt, da die Erbauer Angehörige der Familie der Lentuli waren (Consuln 57 und 49 v. Chr.). Dort finden sich Standbilder der von Pompejus unterworfenen Völkerschaften.

Thermen des Agrippa

Nördlich der Tempelanlage am »Largo Argentina« zeigt die Forma Urbis die von Agrippa im Jahr 25 v. Chr. begonnene und 19 v. Chr. vollendete öffentliche Thermenanlage, die älteste Roms. Um sie mit Wasser zu versorgen, wurde die Aqua Virgo errichtet. Aqua Virgo wurde sie genannt, weil, wie Frontin berichtet (De aqaeductu 10,3–4), ein sehr junges Mädchen Soldaten, die Wasser suchten, einige ergiebige Wasseradern zeigte. So wurde die Leitung nach dem Mädchen benannt und die Entstehungsgeschichte in einem naheliegenden Tempelchen dargestellt. Die Thermenanlage wurde nach dem Brand von 80 n. Chr. und später nochmals von Hadrian restauriert, als er das Pantheon errichtete.

Das Gebäude ist 80 bis 100 Meter breit und 120 Meter lang, die Räume sind um einen großen runden Saal angeordnet, der einen Durchmesser von 25 Metern besitzt. Die Thermen sind mit griechischen Statuen geschmückt.

Westlich der Thermen liegt das Stagnum Agrippae, ein künstlicher See, der ebenfalls sein Wasser von der Aqua Virgo erhält. Die Wasserleitung verläuft zum großen Teil oberirdisch, und Seneca schreibt, dass er in jüngeren Jahren dort am 1. Januar gebadet habe (Epistulae 83,5). Vom Stagnum führt ein Kanal, der Euripus – so genannt nach der Meerenge bei Chalkis zwischen Euböa und dem griechischen Festland –, quer durch das Marsfeld zum Tiber.

Pantheon

Einen ersten rechteckigen Bau ließ ebenfalls Agrippa errichten. Es war ein 19,82 Meter breiter und 43,76 Meter langer, nach Süden auf die Thermen hin ausgerichteter Tempel, den Domitian nach dem Brand vom Jahre 80 restaurieren ließ. Schließlich errichtete Hadrian in den Jahren 118 bis 125 den jetzigen Bau, wenn auch unter Verwendung älteren Ziegelmaterials, ließ jedoch statt seines eigenen Namens den des ursprünglichen Stifters am Eingangsarchitrav anbringen: *M(arcus) Agrippa L(uci) f(ilius) co(n)s(ul) tertius fecit* = »Marcus Agrippa, Sohn des Lucius, Consul zum dritten Mal, hat (den Tempel) errichtet« (CIL VI 896). Als der Tempel im Jahr 202 restauriert werden musste, ließen Septimius Severus und Caracalla folgende Inschrift in kleineren Buchstaben verzeichnen: *Imp(erator) Caes(ar) L(ucius) Septimius Severus Pius Pertinax Aug(ustus), Arabicus, Adiabenicus, Parthicus maximus, pontif(ex) max(imus), trib(unicia) potest(ate) X, imp(erator) XI, co(n)s(ul) III, p(ater) p(atriae), proco(n)s(ul), et | Imp(erator) Caes(ar) M(arcus) Aurelius Antoninus Pius Felix Aug(ustus), trib(unicia) potestat(e) V, co(n)s(ul), proco(n)s(ul), Pantheum vetustate corruptum cum omni cultu restituerunt* = »Der Kaiser Lucius Septimius Severus Pius Pertinax Augustus, Araberbesieger, Adiabenebesieger, größter Partherbesieger, oberster Priester, in seiner zehnten tribunizischen Gewalt, zum elften Mal zum Triumphator ausgerufen, Consul zum dritten Mal, Vater des Vaterlandes, Proconsul, und Kaiser Marcus Aurelius Antoninus der Fromme und vom Glück begünstigte Augustus, in seiner fünften tribunizischen Gewalt, Consul, Proconsul, haben das vom Alter beschädigte Pantheon mit seiner ganzen Verehrungsform wiederhergestellt« (CIL VI 896).

Hadrian veränderte die ursprüngliche Anlage vollständig, indem er zunächst den Haupteingang vom Süden nach Norden verlegte und an die Stelle des ursprünglichen Tempels eine Vorhalle setzte. In dem Raum zwischen Agrippa-Tempel und Neptun-Tempel im Süden ließ er dann den großartigen Rundbau errichten.

Der Vorplatz ist von Porticen gesäumt, so dass diese zusammen mit der hohen Eingangshalle den

Abb. 102
Pantheon.

Rundbau niedriger erscheinen lassen. Diese Halle misst 33,10 Meter in der Breite und 15,50 Meter in der Tiefe und besteht aus acht monolithischen Säulen aus ägyptischem Granit mit korinthischen Kapitellen und Basen aus Marmor. Dahinter stehen weitere Säulen, so dass die Halle in drei Schiffe gegliedert wird: Das breite mittlere führt zum Eingang, die beiden schmaleren zu Nischen, in denen Statuen des Augustus und des Agrippa stehen. In der Mitte des Giebels befindet sich ein Adler (des Zeus). Zwischen Vorhalle und Rundbau liegt ein Treppenhaus, das zur Außenseite der Kuppel führt. Durch eine marmorne Eingangspforte betritt man einen Rundbau von 30,40 Metern Höhe, auf dem die Kuppel ruht.

Der Rundbau steht auf einem 7,30 Meter breiten und 4,40 Meter tief eingesenkten Ring aus Gussmauerwerk, auf dem drei übereinanderliegende, sechs Meter breite Mauerringe lagern, deren Höhe jeweils ein Sims kennzeichnet. Um den Bau zu entlasten, wurden die aufgehenden Wände aus immer leichterem Material hochgezogen, das Innenrund durch acht hohe Pfeiler gegliedert. Die Kuppel wurde zunächst als Holzschalenkonstruktion erstellt und anschließend in Zementmauerwerk gegossen. Sie entspricht genau einer Halbkugel mit einem Durchmesser von 43,30 Metern. Innen zeigt die Kuppel in fünf konzentrischen Kreisen je 28 Kassetten, die zur Lichtöffnung hin kleiner werden. Die Öffnung selbst hat einen Durchmesser von fast 9 Metern. Das Dach ist mit feuervergoldeten Bronzeziegeln eingedeckt.[30]

Dem Eingang gegenüber liegt die zentrale Exedra, an den Seiten je drei abwechselnd rechteckige und halbrunde Exedren mit Nischen, geschlossen durch monolithische korinthische Säulen. Der Fuß-

Abb. 103
Innenansicht des Pantheons.

boden ist mit quadratischen und runden Marmorplatten belegt.

Obwohl Cassius Dio das Pantheon mit dem Himmelsgewölbe, dem Sitz aller Götter vergleicht (53,27,2),[31] sollte es nach Hadrians Vorstellung eher nach hellenistischem Vorbild der dynastischen Verehrung der »divi Augusti«, der vergöttlichten Herrscher, und deren Schutzgöttern geweiht sein; Hadrian wollte so auf die Kontinuität der Kaiserherrschaft verweisen.[32]

Hinter dem Pantheon, den Thermen des Agrippa zugewandt, lag mit Eingang nach Westen der Neptuntempel, den ebenfalls Hadrian neu errichten ließ.

Abb. 104
Rekonstruktion des Wandaufbaus des Pantheons.

Saepta Julia

Östlich des Pantheons liegt die von Caesar errichtete riesige Saepta Julia, 310 Meter lang und 120 Meter breit, die der Volksversammlung und Stimmabgabe diente. An der Südseite des Platzes befindet sich das Diribitorium, der Ort, an dem die Stimmtäfelchen ausgezählt wurden.

Dort auch, so Frontin, enden »die Bögen der Virgo [...] auf dem Marsfeld unmittelbar an der Vorderseite der Saepta« (De aquaeductu 22,2). Auch dieser Platz ist durch Porticen eingefasst, die nach den dort ausgestellten Kunstwerken Porticus Argonautarum beziehungsweise Porticus Meleagri genannt werden. Nach Caesar verlor die Saepta ihre Bedeutung als Wahllokal und war seit Augustus ein großer Platz, der laut Martial (9,59,1–3) als Markt für Kunstwerke, Bücher und Antiquitäten dient.

Ganz in der Nähe steht auch der Isistempel: Marc Anton ließ ihn im Jahr 43 v. Chr. errichten, doch Augustus und Tiberius lehnten diesen Kult ab, Tiberius ließ den Tempel sogar niederlegen. Caligula hingegen baute ihn wieder auf. Als ihn der Brand des Jahres 80 n. Chr. vernichtete, ließ ihn Domitian prächtig wiederherstellen. Ebenfalls in diesem Gebiet befindet sich der kleine Rundtempel der Minerva Chalcidica: Er steht praktisch auf dem Vorplatz der Porticus Divorum, auf dem Domitian je einen Tempel für Vespasian und für Titus hatte errichten lassen.

Tempel der Matidia

Nach dem Tode seiner Schwiegermutter Matidia im Jahr 119 ließ ihr Hadrian im Jahr darauf einen eigenen Tempel errichten. Seine Säulen sind 1,70 Meter dick und ca. 17 Meter hoch. Der Tempel besitzt zwei Vorbauten und zwei Porticen, die der Matidia und die der Marciana, der älteren Schwester Trajans.

Tempel des Hadrian

Diesem Komplex fügte Antoninus Pius im Jahr 145 den Tempel des Hadrian hinzu, den Säulen in korinthischem Stil mit 1,44 Metern Durchmesser und 15 Metern Höhe schmücken. Die marmorverkleidete Cella hat keine Apsis und besitzt ein Tonnengewölbe mit Kassetten. Ringsherum stehen Pfeiler, die Sockel sind mit Reliefs verziert, die Personifikationen der Provinzen darstellen, dazwischen Reliefs mit Trophäen: Hadrian war ja als »Reisekaiser« bekannt. Der Tempel ist von einer Porticus umgeben, durch einen großen Bogen gelangte man auf die Via Lata.

Abb. 105
Stadion Domitians, die heutige Piazza Navona.

Thermen des Nero

Im Jahr 62 ließ Nero eine 190 Meter lange und 120 Meter breite Thermenanlage errichten, die dann Alexander Severus 227 erneuerte, weshalb sie den Namen Thermae Alexandrinae erhielt. Sie sind so angelegt, dass sich die kleineren Räume spiegelbildlich an der Hauptachse orientieren.

Das Stadion Domitians (Piazza Navona)

Das Stadion ließ Domitian vor 86 n. Chr. für griechische Sportwettkämpfe zu Ehren des Iuppiter Capitolinus erbauen: Pferderennen und musische Auftritte. Die Innenfläche ist nicht wie bei einem Hippodrom in zwei Bahnen geteilt, die Seitenwände jedoch sind als Ränge ausgebaut. Die Anlage ist 275 Meter lang und 106 Meter breit, außen mit Arkaden und Travertinpfeilern gegliedert. Über eine Treppe gelangt man zu den Rängen (*maeniana*) und Umgängen. In der Mitte der Längsseiten liegen die Haupteingänge, an der gebogenen Schmalseite ein weiterer Eingang. Die Sitzstufen bieten ca. 30 000 Zuschauern Platz. Unter den Arkaden des Stadions befinden sich Bordelle.

Im Süden des Stadions ließ Domitian noch ein gedecktes Odeon errichten, das ca. 10 600 Personen Platz bietet.

Die Säule des Marc Aurel

Nördlich des Templum Divi Hadriani steht nahe der Via Lata die von seinem Sohn Commodus vor 196 errichtete Siegessäule Marc Aurels (gestorben

Abb. 106
Säule des Marc Aurel.

180), zu der von der Via Flaminia her eine Treppe führt. Sie ist der Trajanssäule nachempfunden: Der 10,50 Meter hohe Sockel wurde mit Girlanden und Siegesgöttinnen geschmückt, an der Schauseite zur Via Flaminia hin mit Barbarenreliefs. Der Säulenschaft beträgt 29,60 Meter (= 100 Fuß), die Gesamthöhe somit 41,95 Meter. Die Säule wird von einer Statue des Kaisers gekrönt.

Die Reliefs zeigen die Feldzüge des Kaisers gegen Sarmaten und Germanen (Markomannen, Quaden), die Feldzugsdarstellung, die als Band um den Schaft läuft (*columna cochlea*), wird durch Siegesgöttinnen in die Feldzüge von 172/3 und 174/5 gegliedert. Die Darstellung ist weniger gedrängt als auf der Trajanssäule und sehr plastisch ausgearbeitet. Hinter der Säule errichtete Commodus seinem Vater einen Tempel.[33]

Ustrina

Im Nordwesten der Marc-Aurel-Säule liegen zwei quadratische, von Travertineinfassungen umschlossene Plätze, einer für Hadrian und einer für Antoninus Pius, an denen die Kaiser und ihre Angehörigen eingeäschert wurden. Hinter seinem Verbrennungsplatz steht die Siegessäule des Antoninus Pius. Der Sockel zeigt außer der Weihinschrift die Apotheose seiner Person sowie die seiner Ehefrau Faustina, die beiden anderen Seiten stellen eine *decursio* dar, den rituellen Umritt um den Scheiterhaufen.

Die Augusteische Repräsentanz

»Obwohl Augustus in seinem Tatenbericht (*Res gestae*) behauptete, er habe die republikanische Freiheit (*libertas*) wiederhergestellt, so schied er doch die staatliche Entwicklung eindeutig in zwei Epochen: *ante me principem* = ›bevor ich Princeps wurde‹, und *me principe* = ›unter mir als Princeps‹«, erklärte Sagax seinem Begleiter Julius Primus. »Als (Adoptiv-)Sohn eines Gottes (*Divi filius*) besaß er natürlich die besten Beziehungen zu den Göttern (*summum augurium* = Augustus), so dass seine Geburt und sein Regierungsauftrag nur zum Heil des gesamten Staatswesens (*bono rei publicae*) erfolgt sein konnten. Aus diesem Grunde ließ er auf dem Marsfeld einen ganzen Komplex an Bauten errichten, die eigentlich als ideologische Einheit gewertet werden müssen.«

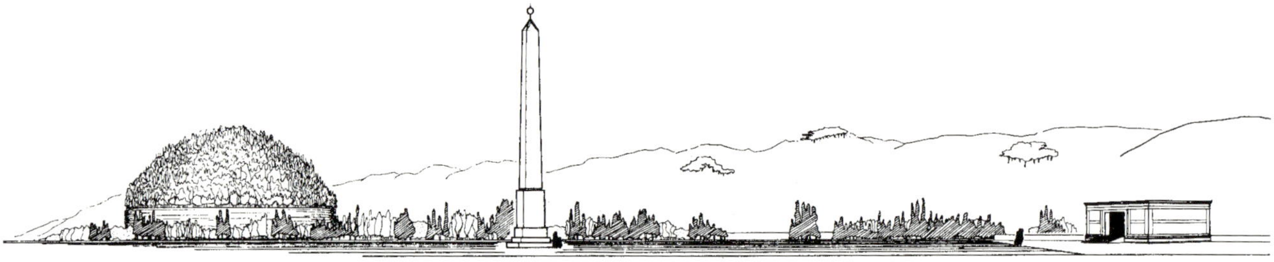

Abb. 107
Horologium Augusti (Sonnenuhr).

Horologium Augusti

Es handelt sich bei dieser Sonnenuhr und dem nahe gelegenen Altar des Friedens (Ara Pacis) um eine geschlossene Einheit. Augustus ließ 10 v. Chr. einen ägyptischen Obelisken des Psammetich II. von Heliopolis nach Rom schaffen und auf dem Marsfeld aufstellen. Er diente als Zeiger einer gewaltigen Sonnenuhr, dessen Schatten auf einen riesigen mit Travertin gepflasterten Platz fiel, auf dem in Bronze die astronomischen Linien und Ziffern eingelassen waren. Diese Anlage war ebenfalls im Jahr 80 beschädigt worden, so dass Domitian das Horologium erneuern ließ, dabei aber das Niveau des Platzes anhob. Damit aber war der Sinn der Sonnenuhr gestört: Der Schatten des Zeigers sollte nämlich am Geburtstag des Augustus (23. September) genau auf den zentralen Altar der Ara Pacis fallen.

Ara Pacis

Diesen »Altar des Friedens« hatte, wie Augustus selbst schreibt, der Senat am 4. Juli 13 v. Chr. beschlossen: »Als ich aus Spanien und Gallien, nachdem ich in diesen Provinzen erfolgreich tätig war, im Consulatsjahr des Ti. Nero und P. Quintilius Varus (13 v. Chr.) nach Rom zurückkehrte, beschloss der Senat zum Dank für meine Rückkehr einen Altar des Augustusfriedens zu weihen, und zwar beim Marsfeld, und er ordnete an, dass Beamte, Priester und Vestalinnen dort jedes Jahr ein Opfer darbringen sollten« (Res gestae 12,37–41). Dieser Altar wurde dann am 30. Januar des Jahres 9 v. Chr. offiziell geweiht: *Feriae ex s(enatus) c(onsulto), quo[d eo] die ára Pácis Augusta[e in campo] Martio dedicata [e]st Druso et Crispino c[o(n)s(ulibus)]* = »Feiertag aufgrund eines Senatsbeschlusses, weil an diesem Tag die Ara Pacis Augustae auf dem Marsfeld eingeweiht wurde unter dem Consulat des Drusus und Crispinus«, vermerkt der Festkalender (*fasti*) von Praeneste (Inscriptiones Italiae XIII 2,117).

Abb. 108
Die Ara Pacis.

Abb. 109
Ara Pacis: Relief der Terra Mater.

Der Standort der Ara Pacis liegt neben der Via Flaminia in unmittelbarer Nähe zum Pomerium. Die Anlage besteht aus einem rechteckigen, 11,65 Meter langen und 19,63 Meter breiten Bezirk auf einem Podium, zu dem eine Treppe führt. Die Längsseiten sind in Ost-West-Richtung orientiert und besitzen 3,60 Meter breite Eingänge. Im Innern der Umfassung steht auf drei Stufen der eigentliche Altar, an der Westseite befindet sich zudem ein Einschnitt mit fünf weiteren Stufen, um dem Priester den Zugang zum Altartisch (*mensa*) zu ermöglichen. Die Umfassungsmauer ist innen und außen mit ausgesuchtem Reliefschmuck versehen, der Figurenfries auf der Außenseite durch korinthische Marmorpilaster gegliedert. Der untere Teil zeigt eine üppige Rankendekoration, die symmetrisch von einer Akanthuspflanze ausgeht. Das Figurenrelief ist propagan-

Abb. 110
Ara Pacis: Prozession der Familie des Augustus.

distisch gestaltet: Neben der Eingangspforte sind rechts auf Marmortafeln mythologische, links allegorische Szenen dargestellt, so rechts das Lupercal, die Höhle der Wölfin, die sich ja direkt unter dem Haus des Augustus befindet, sowie Aeneas beim ersten Opfer an die Penaten.

Das linke Relief zeigt die Roma (Terra Mater) mit zwei Kindern sowie den Personifikationen von Himmel und Meer. Die linke Längsseite zeigt außen die Prozession aller Angehörigen der Familie des Augustus.

Mausoleum Augusti

Nach der Rückkehr vom Ägyptenfeldzug im Jahre 29 v. Chr. begann Octavian-Augustus, der häufig krank war, mit der Errichtung eines Mausoleums, eine Anlage, deren Grundidee aus Kleinasien (Karien) stammt, wo sich nach dem Bericht des Herodot König Maussolos als Erster ein solch repräsentatives Grabmal errichten ließ, das zu den Sieben Weltwundern zählte. Auch der Etruskerkönig Porsenna hatte sich bei Arezzo ein Mausoleum errichten lassen, aber es ist eher wahrscheinlich, dass sich Augustus vom Grabmal des Alexander in Alexandria beeindrucken ließ. Eine schöne Beschreibung des eindrucksvollen Monuments bietet Strabo: »Das bedeutendste ist das sogenannte Mausoleum, ein großer beim Fluss auf hoher Grundmauer aus weißem Marmor errichteter Erdhügel, bis zum Gipfel mit immergrünen Bäumen bedeckt. Auf der Spitze steht ein bronzenes Standbild des Caesar Augustus; unter dem Hügel befinden sich sein eigenes Grab, die seiner Verwandten und Angehörigen, dahinter ein großer Hain, der reizvolle Spaziergänge bietet. In der Mitte des Feldes liegt die Umfassungsmauer seiner Brandstätte, gleichfalls aus weißem Marmor, ringsum eingefasst von einem ehernen Gitter, innen aber mit Pappeln bepflanzt« (Geographika 5,3,8 = 236).

Der runde Grabbau hat einen Durchmesser von ca. 87 Metern und besteht aus einer Reihe konzentrischer Mauerringe, die untereinander strahlenförmig durch Zwischenmauern verbunden sind. Der äußere Sockel aus Travertin ist 12 Meter hoch, dahinter liegt eine Mauermasse mit Nischen, die mit Erde gefüllt sind. Durch diese Mauerringe führt ein langer Gang ins Innere zu einem zentralen Mauerring, der den Zylinder des obersten Grababschlusses trägt und aus dem Hügel herausragt. Jenseits des innersten Mauerrings findet sich eine runde Cella, deren Zugang auf den Eingang der Anlage ausgerichtet ist. In die Cellawand sind vier rechteckige Nischen eingelassen; in

Abb. 111
Mausoleum des Augustus.

der Mitte steht ein ebenfalls runder Pfeiler, dessen Inneres die Urne des Kaisers birgt.

Das Monument war, wie Strabo sagt, für Familienmitglieder und Freunde gedacht. So wurde als Erster sein im Jahr 23 v. Chr. verstorbener Neffe und Schwiegersohn Marcellus beigesetzt. Es folgten später Octavia, die Mutter des Marcellus, Vipsanius Agrippa, Mitstreiter und Schwiegersohn des Augustus, Drusus d. Ältere, Bruder des Tiberius, sowie Lucius und Gaius Caesar, die Adoptivkinder des Augustus. Im Jahr 14 n. Chr. folgte Augustus selbst, dann Drusus d. Jüngere, Sohn des Tiberius, Livia, Tiberius, Caligula (?), dessen Mutter Agrippina Minor und seine Brüder Nero und Drusus. Julia, die Tochter des Augustus, war wegen Unmoral auf die Insel Pandateria verbannt worden und daher nicht würdig, im Mausoleum bestattet zu werden.

Vor dem Mausoleum stehen an der Südseite zwei Obelisken, und auf zwei Pfeilern wurde, wie Sueton schreibt, auf Bronzetafeln der Tatenbericht des Augustus (*Index rerum a se gestarum*) veröffentlicht, der Teil seines Testaments war: die »Res gestae divi Augusti« (Augustus 101).

In der Nähe des Mausoleums befindet sich, wie Strabo schreibt, die Ustrina des Augustus, auf der der Scheiterhaufen (*rogus*) errichtet worden war. »Augustus«, so erzählte Sagax, »war eigentlich mit 75 Jahren in seiner Privatvilla in Bovillae verstorben. Daher wurde sein Leichnam nach Rom gebracht und zunächst in der Domus Augusti aufgebahrt. Dann hielten Tiberius und dessen Sohn Drusus von den Rostren die Leichenrede, worauf der Leichnam auf den Schultern der Senatoren zum Marsfeld zur Verbrennung getragen wurde. Darüber schreibt dann Sueton: ›Es fand sich auch ein Mann im Rang eines Praetors, der schwor, er habe das Bild (*effigies*) des Eingeäscherten in den Himmel aufsteigen sehen. Seine Überreste sammelten die Ersten des Ritterstandes nur mit der Toga bekleidet, ohne Gürtel und barfuß, ein und setzten ihn im Mausoleum bei‹ (Augustus 100). Ähnlich muss man sich auch die Bestattung späterer Herrscher vorstellen.«

Forum Boarium – Circus Maximus

Frühe Bauten entstanden dort bereits unter der Etruskerherrschaft, so neben dem Portunus-Tempel auch die Tempel der Fortuna und der Mater Matuta (»Morgenlicht«). Doch nach der Vertreibung der

Abb. 112
Pons Aemilius.

Könige setzte die Bebauung erst wieder mit Beginn des vierten Jahrhunderts ein. 213 v. Chr. zerstörte ein Brand das gesamte Forum Boarium zwischen Aventin und Kapitol, ebenso das außerhalb der Stadtmauer gelegene Forum Holitorium. 192 brannte erneut das Gebiet zwischen Forum Boarium und Tiber. Auch das Tiberufer musste wegen immer wiederkehrender Überschwemmungen befestigt werden, womit spezielle »Deichgrafen« (*curatores alvei Tiberis*) beauftragt wurden. Vor allem die Censoren von 179 kümmerten sich darum: Die Servianische Stadtmauer wurde bis zur Tiberinsel vorgeschoben und der Pons Fabricius errichtet. Dieser wurde von L. Mummius und Scipio Aemilianus, den Censoren des Jahres 142 v. Chr., verstärkt.

Augustus gliederte das Forum Boarium und den Circus Maximus der Regio XI ein, während das Forum Holitorium und das nahe liegende Marcellustheater zur Regio IX geschlagen wurden.

Die von Kapitol und Palatin herabführenden Straßen liefen zunächst um das ehemalige Sumpfgebiet herum, der Vicus Jugarius zur Porta Carmentalis, der Vicus Tuscus zur Porta Flumentana beim Portunustempel, eine dritte Straße, Vallis Murcia, zur Porta Trigemina. Alle diese Straßen benützten zunächst den Pons Sublicius als Tiberübergang, später den festen Pons Aemilius.

Der gesamte Platz am Fuß des Kapitols (*um die Kirche S. Omobono*) war seit der Zeit der Stadtwerdung mit einem Pflaster belegt, auf dem Servius Tullius die Tempel der Fortuna und der Mater Matuta errichtet haben soll. Vor diesen stand je ein Altar und zwischen den Altären ein rundes *donarium* (Schatzkammer für Weihegeschenke).[34] Die Anlage wurde mehrmals durch Feuer zerstört, aber wieder aufgebaut. Die Tempel waren bereits nach der Eroberung Vejis (396) von M. Furius Camillus wieder aufgebaut worden. Als dann M. Fulvius Flaccus 264 v. Chr. Volsinii eroberte, ließ er aus dem heiligen Hain, dem Fanum Voltumnae, 2000 Bronzestatuen nach Rom schaffen, die zumindet teilweise am Donarium aufgestellt waren: *M(arcus) Folv[io(s) Q(uinti) f(ilius) co(n)sol] d(edet) Vols[inio] capt[to]* = »Der Consul Marcus Fulvius, Sohn des Quintus, weihte (diese) nach der Eroberung von Volsinii«. Dies zeigt, dass der etruskische Kult aus Volsinii nach Rom transferiert wurde.

In der Mitte des Forum Boarium steht ein vierseitiger Bogen mit je zwei Durchgängen, die Porta Triumphalis, durch die die Triumphzüge entlang der Porticus Triumphalis zur Porta Carmentalis führen.

Abb. 113
Tempel des Portunus.

Münzen und Texte zeigen, dass auf der Attica der Porta ein von zwei Elefanten gezogenes Viergespann stand. Plinius der Ältere berichtet, dass auf dem Forum Boarium auch der von der Insel Aegina nach Rom gebrachte Bronzestier des Bildhauers Myron aufgestellt worden war (Naturalis historia 34,10).

Forum Holitorium

Auch das Forum Holitorium, der Gemüsemarkt in der Regio IX, liegt am Abhang des Kapitols zum Tiber und Tiberhafen hin. Dort, vor der Porta Capena, stehen die alten Tempel des Janus, der Spes und der Juno Sospita eng nebeneinander. Der von Vater und Sohn Manius Acilius Glabrio in den Jahren 191 bis 181 errichtete Pietas-Tempel wurde später zugunsten des Marcellus-Theaters verlegt. Der von C. Cornelius Cethegus 197 bis 194 errichtete Tempel der Juno Sospita scheint beim Wiederaufbau des Forum Holitorium nach dem Brand von 213 zwischen die Tempel des Janus und der Spes »eingeschoben« worden zu sein. Während des Bürgerkrieges des Jahres 90 v. Chr. wurden die Tempel beschädigt und erneuert, worum sich Caecilia Metella aus der mächtigen Metellerfamilie verdient gemacht hat (Julius Obsequens 55). Der nördlich gelegene Janustempel wurde von C. Duilius nach seinem Sieg im Ersten Punischen Krieg aus der Beute erbaut und von Tiberius im Jahr 17 n. Chr. restauriert. Auch der südlich gelegene Tempel der Spes wurde im Ersten Punischen Krieg von M. Attilius Calatinus errichtet, dann 212 v. Chr. und erneut 17 n. Chr. von Germanicus gründlich renoviert. Beim Forum Holitorium befindet sich aber auch das kleine Forum Coquinum, der »Kochmarkt«, wo man Köche für besondere Gastmähler mieten konnte.

Portus Tiberinus – Tempel des Portunus

Südlich des Forum Holitorium liegt der ehemalige Hafen Roms, der später, vor allem nach dem Ausbau des Hafens von Ostia durch Trajan, in eine Speicherstadt (*horrea*) umgewandelt wurde. Dort, in der Nähe des Pons Aemilius, steht der Tempel des Portunus. Die von dort kommende Straße Vicus Lucceius führt zwischen Horrea und Portunustempel hindurch zur Porta Flaminia und in die Stadt. Der Tempel stammt aus dem vierten oder dritten Jahrhundert, liegt auf einer großen Terrasse und zeigt an der Frontseite vier Säulen, an der Rückseite vier Halbsäulen und an den Längsseiten zwei frei stehende und fünf Halbsäulen. Das mit Stuck überzogene Mauerwerk besteht aus Tuff, die frei stehenden Säulen aus Travertin. Der Tempelbezirk (*temenos*) ist von einer Mauer aus Quadern umgeben.

Rundtempel

Es ist der älteste erhaltene Tempel, der aus griechischem (pentelischem) Marmor errichtet wurde[35]: Um eine runde Cella stehen zwanzig Säulen auf einem Sockel mit flachen Stufen und einem Fundament aus Tuff. Der Bau wurde nach einer Überschwemmung im Jahr 15 n. Chr. restauriert. Eine von dem Bildhauer Skopas d. J. im zweiten Jahrhundert geschaffene Kultstatue war dem Hercules Olivarius gewidmet, denn Hercules war auch der Schutzgott der Ölhändler (*olearii*).

Ara Maxima Herculis (Altar des Hercules)

»Der Sage nach«, so Sagax, »soll der von der Peloponnes zugewanderte Euander diesen Altar dem Hercules, dem Sieger über den Räuber Cacus, geweiht haben (Livius 1,7,3–15). Er steht nahe dem späteren Circus Maximus an der Stelle, an der Hercules die wiedergewonnenen Rinder dem Sonnengott Helios geopfert haben soll (*S. Maria in Cosmedin*). Es ist ein riesiger, nach griechischer Art erbauter Altar auf einem seit der Frühzeit als Opferstelle ausgewiesenem Platz. 312 v. Chr. ließ Appius Claudius den einstigen (griechisch ausgerichteten?) Privatkult unter die Staatskulte aufnehmen. Und so wird dieses Opfer jedes Jahr von den Praetoren wiederholt. In seiner Nähe wurde der Tempel des Hercules Invictus errichtet, den Pompeius restaurierte und der danach Aedes Pompeiana Herculis genannt wurde (Vitruv 3,3,5). Neben dem Tempel stand eine vielleicht von Domitian konzipierte Porticus, in der Reliquien des Hercules aufbewahrt sein sollen: das Löwenfell und die Keule sowie sein großer Holzbecher (*scyphus*).«

In der Nähe liegt auch die Aedes Aemiliana Herculis, ein Rundtempel, den Scipio Aemilianus 142 v. Chr. erbauen und mit Malereien des Pacuvius, Dichter und Maler aus Brindisi, ausschmücken ließ (Plinius, Naturalis historia 35,19). Außerdem steht dort ein Tempelchen der Pudicitia Patricia, ein Gegenstück zur Pudicitia Plebeia.

Abb. 114
Herkules-Tempel auf dem Forum Boarium.

Argentarierbogen

An einer Straße, die vom Vicus Jugarius abzweigt, steht der Bogen, den die Bankiers (*argentarii*) und Viehhändler (*boarii*) dem Septimius Severus und dessen Familie gewidmet haben (*S. Giorgio in Velabro*). Er steht an der Stelle, wo die Regionen VIII, X und XI zusammentreffen. Die marmorverkleideten Pfeiler ruhen auf Travertinbasen, auch der darübergelegte Architrav ist aus Marmor. Der Bogen ist 6,80 Meter hoch, 5,86 Meter breit und trägt unter der Widmung an Septimius Severus, Caracalla und Julia Domna die Nennung der Stifter: […] *Argentari(i) et negotiantes boari(i) huius loci qui invehent devoti numini eorum* = »[…] die Bankiers und Viehhändler dieses Ortes, die Waren einführen, ergebenst ihrer ›Göttlichkeit‹« (CIL VI, 1035).

Der Bogen ist in das Jahr 204 datiert, doch wurde auf Geheiß Caracallas der Name seines Bruders Geta getilgt und vermutlich auch der des Praetorianerpräfekten Plautian und dessen Tochter Plautilla, vormals Ehefrau Caracallas (*damnatio memoriae*). Auch der Schmuck des Pfeilers wurde verändert: Im linken Durchgang ist Caracalla beim Opfer an einem tragbaren Altar dargestellt, daneben finden sich Spuren der getilgten Personen. Die gegenüberliegende Seite zeigt Septimius Severus und Julia Domna ebenfalls beim Opfer. Der Bogen, eigentlich eher eine Pforte, ist mit Pflanzenornamenten geschmückt und trägt unten am rechten Pfeiler ein umlaufendes Fries mit Stieropfer. Der linke Pfeiler zeigt ein Relief mit Soldaten und einem gefangenen Barbaren. Zwischen den Kapitellen der Eckpilaster tragen Siegesgöttinen Girlanden, sind Adler und Feldzeichen eingemeißelt.

Mithräum am Circus Maximus

Das dem Circus Maximus zugewandte Haus weist im Erdgeschoß fünf miteinander verbundene Räume auf. Der Bau stammt aus dem zweiten Jahrhundert n. Chr., doch im dritten Jahrhundert verwandelte man die Räume in ein Mithräum. Zentrum des Heiligtums ist natürlich das Relief der Tötung des Stiers durch Mithras, darüber die Inschrift des Stifters Tiberius Claudius Hermes. Es handelt sich hier um einen Freigelassenen, so wie auch die meisten der dort gefundenen Inschriften von Freigelassenen stammen.

Circus Maximus

»Diese riesige Anlage ist eigentlich das Werk jahrhundertelanger Bautätigkeit und Renovierung«, erklärte Sagax. »Schon frühzeitig sollen hier Wagenrennen zu Ehren des Gottes Consus, dessen Altar in der Nähe stand, stattgefunden haben. Dort soll auch der Raub der Sabinerinnen stattgefunden haben (Livius 1,9,10-12), worauf ein Heiligtum der Venus Murcia hinweisen könnte. Nach Livius soll aber Tarquinius Priscus den Ort als Platz für Wagenrennen ausgewiesen haben (Livius 1,35,8.9): ›Damals erst ist Platz für die Rennbahn abgesteckt worden, die jetzt 'die große' heißt. Für Väter (das heißt Patrizier) und Ritter wurden Plätze abgeteilt, wo sie sich Einzeltribünen errichten konnten – man nannte sie Abteile; die Sitze waren 12 Fuß hoch über dem Erdboden und ruhten auf gegabelten Stützen. Das Schauspiel wurde bestritten von Pferden und Faustkämpfern, zumeist aus Etrurien hergeholt.‹«

329 v. Chr. wurden die hölzernen Startboxen (*carceres*) und auch die Trennmauer der Bahnen errichtet, das Tor an der Bahnkrümmung 196 vom Proconsul L. Stertinius, der gerade aus dem »jenseitigen« Spanien (Hispania Ulterior) heimgekehrt war, durch einen Triumphbogen ersetzt, der beim Brand von 64 n. Chr. vernichtet wurde. Erst 174 v. Chr. wurden die hölzernen *carceres* durch gemauerte ersetzt und auf der Trennmauer die Eier aufgestellt, mit denen die Runden gezählt werden. 33 v. Chr. fügte dann Agrippa sieben bronzene Delphine hinzu. Unter Augustus wurde auf der dem Palatin zugewandten Seite ein kleiner heiliger Bezirk (*pulvinar*) eingerichtet und der 23,70 Meter hohe Obelisk des Ramses II. aus Heliopolis auf der Meta aufgestellt.[36]

Der Bau ist 600 Meter lang und ca. 200 Meter breit (Dionysius von Halikarnass nennt eine Länge von 32 Stadien = 621 Meter und eine Breite von 4 Pletren = 118 Meter) und bot zunächst Platz für 150 000 Zuschauer. Die Sitze liegen auf drei von Arkaden getragenen Geschossen, die oberste Reihe

Abb. 115
Mithras-Heiligtum (Unterkirche von San Clemente).

Abb. 116
Wagenrennen im Circus Maximus
(Aquarell von Peter Connolly)

besteht lediglich aus Holzbänken. Die Mittelbarriere ist mit Schreinen und kleineren Heiligtümern geschmückt. Nach einem Brand im Jahr 36 n. Chr. restaurierten Caligula und Claudius den Circus. Claudius ließ damals die Carceres aus Marmor errichten und die Wendemarken (*metae*) am Mittelstreifen aus vergoldeter Bronze. Der berüchtigte Brand des Jahres 64 n. Chr. brach an der gebogenen Seite des Circus Maximus aus und vernichtete das ganze Bauwerk. Nero erbaute es neu und erhöhte die Zahl der Sitzplätze auf 250 000. Nach einem erneuten Brand im Jahr 80 baute Trajan den Circus Maximus wieder auf.

Im Circus Maximus finden vor allem Wagenrennen, meist mit Viergespannen, statt, so an den Ludi Romani vom 4. bis 18. September. Sie werden von Rennmannschaften (*factiones*) gestaltet: der *factio Albata* (die Weißen), *Russata* (die Roten), *Prasina* (die Grünen) und *Veneta* (die Blauen).

Diese *factiones* und ihre Anhänger entwickelten sich in späterer Zeit sogar zu politischen Gruppierungen. Hier entstand nach Juvenal (10,81) der berühmte Ausspruch *panem et circenses*. Wenn bereits der Dichter Naevius den Circus eine eigene Stadt nannte (Varro, Lingua Latina 5,153), so traf dies für spätere Zeiten erst recht zu.

Beim Circus Maximus steht der Bogen des Vespasian und Titus, den ihnen der Senat im Gedenken an den Sieg über die Juden errichtet hatte (Jahr 80/81): *Senatus Populusq(ue) Romanus | Imp(eratori) Tito Caesari, Divi Vespasiani f(ilio), Vespasian[o] Augusto | pontif(ici) max(imo), trib(unicia) pot(estate) X, imp(eratori) XVII, [c]o(n)s(uli) VIII, p(atri) p(atriae), principi suo | quod praeceptis patri[is] consiliisq(ue) et auspiciis gentem | Iudaeorum domuit et urbem Hierusolymam om-*

Abb. 117
Wagenlenker.

nibus ante | se ducibus regibus gentibus aut frustra petitam aut | omnino intemptatam delevit = »Der Senat und das Volk von Rom dem Kaiser Titus Caesar Vespasianus Augustus, Sohn des vergöttlichten Vespasian, oberstem Priester, in seiner 10. tribunizischen Gewalt, zum 17. Mal zum Imperator ausgerufen, Consul zum 8. Mal, Vater des Vaterlandes, seinem ›Fürsten‹, weil er aufgrund der Vorschriften, der Ratschläge und des Oberkommandos seines Vaters das Volk der Juden bezwang und die Stadt Jerusalem zerstörte, was vor ihm Heerführer, Könige oder Völker vergeblich unternahmen oder gänzlich unterließen« (CIL VI 944).

Mit Blick auf den Aventin stehen mehrere alte Tempel, so ein Tempel für Ceres, Liber und Libera, geweiht 493 von Spurius Cassius; ein Tempel der Flora am Clivus Publicus oberhalb der *carceres*, der 495 v. Chr. gegründete Tempel des Mercur und der 295 v. Chr. errichtete Tempel der Venus Obsequens. Auch ausländische Kulte sind hier angesiedelt.

Aventin

Ursprünglich Mons Murcius genannt, blieb der Name nur der Vallis Murcia erhalten. Er soll, so behauptet die Sage (Livius 1,3,9; Festus 14), nach dem Albanerkönig Aventinus, der dort begraben liege, umgetauft worden sein. Livius berichtet ferner (1,33,5), Ancus Marcius habe auf dem Aventin die Bewohner der von ihm eroberten Latinerstädte Ficana, Tellenae, Medullia und Politorium angesiedelt und so in die Stadt einbezogen. Servius Tullius soll auch nach dem Vorbild der Diana von Ephesus den Tempel der Diana Aricina errichtet haben, um den in Aricia angesiedelten Kult des Latinerbundes nach Rom zu transferieren. Der Aventin entwickelte sich zum Geschäftsviertel mit hohem Ausländeranteil, da er bis in die Zeit des Kaisers Claudius außerhalb des alten Pomeriums lag, aber innerhalb der Servianischen Mauer. Er ist das Wohnviertel der Plebs.

Am Fuße des Aventins beim Heiligtum der Ceres, Liber und Libera liegt das Amtslokal der plebeischen Ädilen, der Minervatempel wiederum war seit dem dritten Jahrhundert v. Chr. das Zentrum der Berufsverbände (*collegia*), vor allem der Schriftsteller, Schauspieler und Künstler. Weiter gibt es Heiligtümer der Luna, des Juppiter Liber, der Libertas und der Bona Dea.

456 v. Chr. erklärte eine Lex Icilia den Hügel zum öffentlichen Bauland für die Plebejer (Livius 3,31,1). Der Aventin gilt als »Akropolis der Plebejer«. Dorthin flüchtete 123 v. Chr. C. Gracchus, zunächst in den Diana-, dann den Minervatempel und schließlich in den der Luna, von wo er sich durch einen Sprung rettete und über die Porta Trigemina und den Pons Sublicius in die Stadt zurückkehrte. Im Hain der Furrina auf dem Janiculus beging er schließlich Selbstmord.

Der Aventin und der danebenliegende »Kleine Aventin« wurden von Augustus der Regio XIII (Aventinus) und der Regio XII (Piscina Publica) zugeordnet. Die Straßen Vicus Piscinae Publicae und Vicus Portus Raudiculanae bilden die Grenze.

In der Kaiserzeit ließen sich zunehmend römische Adlige und Reiche auf dem Aventin nieder und vertrieben durch Grundstücksspekulation die ärmere Bevölkerung, die zum Emporium am Tiberufer und auf die Tiberinsel auswich. In republikanischer Zeit wohnten dort Naevius und Ennius, in der Kaiserzeit Vitellius, L. Licinius Sura, ein Freund Trajans, Trajan und Hadrian, als sie noch Privatleute waren, ferner L. Fabius Cilo, der Stadtpräfekt des Septimius Severus (*S. Balbina*). Dort lagen auch die besonders reich ausgestatteten Thermen des Sura und die des Kaisers Decius. Die Caracallathermen hingegen waren eher für die einfacheren Leute der dicht besiedelten Regio XII gedacht.

Im zweiten Jahrhundert verlagerte sich das Geschäftsviertel vom Nordhang des Aventin in die Ebene an der Südseite, wo man am Fluss das Emporium und die Porticus Aemilia errichtete, ferner die großen Magazine, die Horrea Galbana, Lolliana, Aniciana, Setana, Fabaria und das Forum Pistorium, den »Bäckermarkt«. In diesem Viertel wohnten vor allem die Handwerker, die mit ihrem Lärm und den unterschiedlichsten Gerüchen die engen Straßen erfüllten.

Abb. 119
Metzger.

Abb. 118
Tuchhändler.

Beim Tempel der Diana und Minerva
Im Zentrum des Aventin stehen der Tempel der Diana sowie der der Minerva (*Via di S. Domenico*). Mehrere Privathäuser, offenbar im zweiten Jahrhundert gebaut, lehnten sich an die Servianische Mauer, aber die Stadt griff damals bereits über die Mauer hinaus, so dass weitere Durchgänge angelegt wurden. An der vom Hügel kommenden Straße Vicus Altus liegen prächtig ausgestattete Häuser aus augusteischer Zeit. Auch der im dritten Jahrhundert v. Chr. errichtete Tempel der Libertas wurde zu Beginn des ersten Jahrhunderts n. Chr. durch ein reiches Wohnhaus ersetzt.

Dolicenum

Auf dem Aventin steht auch das Heiligtum des Juppiter Dolichenus (*bei S. Sabina*): ein 22,60 Meter langer und 12 Meter breiter Bezirk, dessen Altar von Annius Julianus und Annius Victor gestiftet worden war. Das ursprünglich nicht überdachte Gebäude wurde um 150 n. Chr., also zur Zeit des Antoninus Pius, errichtet, aber noch im zweiten Jahrhundert überdacht. Im dritten Jahrhundert wurde es restauriert.

Das Mithräum (*S. Prisca*)

Das dort befindliche Mithräum war in ein älteres Haus eingebaut, das um 95 n. Chr. innerhalb einer vierseitigen Porticus errichtet worden war. Um 110 baute man in den Vorhof Wohnungen ein und schloss südlich davon ein Haus mit einem Nymphäum an. Ende des zweiten Jahrhunderts errichtete man im Süden ein zweischiffiges Gebäude und richtete etwa gleichzeitig das im Osten liegende Mithräum ein. Möglicherweise handelt es sich bei dem Gebäude um die ehemals von der Aqua Marcia gespeisten privaten Thermen des Licinius Sura. Der 17,50 × 4,20 Meter messende Raum des Mithräums zeigt an der Rückwand des Einganges in Nischen Statuen des Cautes mit hocherhobener Fackel (Sonnenaufgang = Frühling) und des Cautopates mit nach unten gerichteter Fackel (Sonnenuntergang = Herbst). Mehrere Personen sind in einer Art Prozession auf den Wänden dargestellt mit Beischriften, die die sieben Stufen der Initiation (*nama*, persisch für »Ehre«) nennen: *corax* (Rabe) – *nymphus* – *miles* (Soldat) – *leo* (Löwe) – *perses* (»Perser«) – *heliodromus* (Sonnenläufer) – *pater* (Vater), und jeder Stufe ist ein Planet zugeordnet.

Deciusthermen

Im Jahre 242 n. Chr. ließ Kaiser Decius die nach ihm benannten Thermen errichten, die in der Folgezeit

Abb. 120
Mithräum in der Krypta von S. Prisca.

mehrfach restauriert wurden. Der zentrale Baukörper ist ca. 70 Meter lang und 35 Meter breit und wurde auf Gebäuden erstellt, die teilweise noch der trajanisch-hadrianischen Zeit entstammen, mit Mosaiken und Malereien, die oft ländliche Motive zeigen. Vermutlich war der Komplex einst das Haus der Ulpier, die *privata Traiani*, das Trajan vor seiner Erhebung zum Kaiser bewohnte.

Abb. 121
Thermen des Caracalla. Rekonstruktion nach Viollet-le-Duc.

Der Kleine Aventin

Im Osten gelegen gehörte der sogenannte Kleine Aventin zur Regio XII und war teilweise von der Servianischen Mauer umschlossen. Dort lag auch die Porta Naevia. 215 v. Chr. gab es dort ein künstlich angelegtes Becken, die Piscina Publica, die aber bald aufgegeben wurde. Dennoch gab sie der Region den Namen. Auf dem Hügel steht die Kaserne der *Cohors IV Vigilum* (*S. Saba*), an der Nordseite der Tempel der Bona Dea Subsaxana. Es ist eine reine Wohngegend.

Zwischen Servianischer und Aurelianischer Mauer befanden sich außerhalb der Porta Capena an der südlichen Via Appia – Septimius Severus ersetzte sie durch die Via Nova – Gräber und Häuser der Kaiserzeit mit reicher Ausstattung, die teilweise für den Bau der Caracallathermen niedergelegt wurden.

Caracallathermen

Ihr Bau wurde 212 n. Chr. begonnen und dafür die Aqua Antoniniana, ein Abzweig der Aqua Marcia, angelegt, die auf dem sogenannten Drususbogen, einem ehemaligen Stadttor, die Via Appia überquert. Der Bau der Thermen war 217 beendet, die Porticus jedoch erst unter Elagabal und Severus Alexander fertiggestellt. Der Grundriss der Anlage, die inmitten einer Art Park liegt, entspricht dem der Trajansthermen.

Anlage und Umfassungsbauten sind 337 Meter breit und 328 Meter tief, die riesigen Exedren verbreitern den Bau noch auf 400 Meter. Der Mittelbau misst 220 × 114 Meter, über ihn ragt der Rundbau des Caldariums noch hinaus (insgesamt 140 Meter). Die Umfassungsmauer besteht im Nordwesten aus einer Porticus, davor liegt eine Reihe doppelstöckiger Kammern, die die Terrasse abstützen. Die seitlichen Exedren umschließen je einen Mittelsaal mit Apsis. Dem Caldarium gegenüber liegt eine Exedra in Form eines halben Stadions mit Stufen, unter dem sich die Zisternen befinden: eine doppelte Reihe von Kammern mit 80 000 Kubikmetern Wasser Fassungsvermögen. Links und rechts liegen zwei Säle: die Bibliotheken.

Die Thermen besitzen vier Eingänge: Zwei führen in die seitlichen Vorräume des offenen Schwimmbeckens (*natatio*), die beiden anderen zu den links und rechts liegenden Sportplätzen. Aus dem Vorraum der *natatio* gelangt man über eine Treppe in den Umkleideraum (*apodyterium*). Die Sportplätze bestehen aus einem 50 × 20 Meter messenden Hof, an drei Seiten von überwölbten Porticen umgeben. Sie schließen an die Räume an, in denen der Badegast weitere Sportarten ausüben kann und, sind mit Mosaiken ausgeschmückt, die Sportler zeigen.

Abb. 122
Sportlerinnen.

An der Südwestseite liegt das Schwitzbad (*laconicum*) mit gerundeten Wänden. Das runde Caldarium besitzt 34 Meter im Durchmesser, eingedeckt mit einer riesigen Kuppel, die auf mächtigen Pfeilern ruht. Der Kuppel sollen Träger aus Bronze unterlegt worden sein, obwohl die Ingenieure zweifelten, dass sie ein solches Gewicht tragen könnten (Historia Augusta, Caracalla 9,4f.). Die hohen, in zwei Reihen übereinander angeordneten Fenster lassen den ganzen Tag Sonne ein. Das große Becken liegt in der Mitte, zwischen den Pfeilern weitere kleinere.

Gegenüber dem Caldarium liegt das Tepidarium, auch dieses mit zwei kleineren Seitenbecken, und von dort aus gelangt man in den Mittelsaal, die Basilika, durch die man schließlich die *natatio* erreicht.

Die Basilika ist ein riesiger Raum von 58 × 24 Metern mit acht Pfeilern, auf denen drei Kreuzgewölbe ruhen. Vor den Pfeilern stehen Granitsäulen, in den danebenliegenden Räumen stehen Granitbadewannen. Die *natatio* ist nicht überdacht, aber mit vier Granitsäulen geschmückt. In symmetrisch angeordneten, in zwei Reihen übereinanderliegenden Nischen stehen Statuen. Die Thermen insgesamt sind mit Kunstwerken geschmückt, so einem (*farnesischen*) Stier, der Flora, dem Hercules und Athletenmosaiken. Unter der gesamten Anlage befinden sich die Versorgungs- und Heizungsgänge.

Emporium

Wegen des Anwachsens der Stadt und des damit verbundenen Warenzustroms entschlossen sich die Censoren des Jahres 193, L. Aemilius Lepidus und L. Aemilius Paullus, zwischen Aventin und Tiber, aber außerhalb der Porta Trigemina, einen Hafen mit Stapelplätzen anzulegen: das Emporium und die dahinterliegende Porticus Aemilia. Die riesige Porticus war 487 Meter lang und 60 Meter breit mit 294 Pfeilern, die, in sieben Reihen geordnet, die Anlage in 50 je 8,30 Meter breite Räume gliederten. Die Censoren des Jahres 174 v. Chr. pflasterten das Emporium und legten Schranken und Treppen zum Tiber an. In trajanischer Zeit kamen weitere Lagerhäuser hinzu.

Der Hafen selbst besteht aus einem 500 Meter langen und 90 Meter breiten Kai mit Treppen und Rampen zum Fluß, die Kaimauer ist mit Pollern versehen.

Dort liegen vor allem die großen, gut durchlüfteten Getreidespeicher, zudem die Anlagen der Horrea Sempronia, Horrea Sulpicia, Lolliana, Setana und

Abb. 123
Ponte Fabricio.

Anicia. Sergius Sulpicius Galba, Consul des Jahres 198 v. Chr., ließ nicht nur die Horrea Galbana mit entsprechenden *tabernae* für Wein und Öl errichten, sondern auch sein eigenes Grabmal.

Mons Testaceus

»Gleich hinter den *horrea*«, so berichtete Sagax, »aber noch innerhalb der Aurelianischen Mauer, liegt der ›Scherbenberg‹. Dies ist eine riesige Schutthalde, die bei einem Umfang von 1000 Metern eine Fläche von 20 000 m^2 bedeckt. Zwar führt eine Rampe hinauf, von der aus die zerbrochenen Amphoren abgeladen werden, vor allem Ölamphoren aus Spanien oder Weinamphoren, auf die Menge, Inhalt, Qualität und Herkunft aufgemalt sind, ebenso der Name des Exporteurs und der Einfuhrvermerk mit Consuljahr – wichtig für die Zollbehörde (*portorium*). Auch andere Zoll- und Warenmarken werden dorthingeworfen, weil sie aus Blei und damit ohne Wert sind, doch der ›Aufstieg‹ lohnt kaum.«

Insula Tiberis

»Nach der Sage«, so erläuterte Sagax seinem Begleiter, »soll die Tiberinsel dadurch entstanden sein, dass das Getreide, das auf den Gütern der Familie des Tarquinius Superbus wuchs, in den damals seichten Fluss geschüttet wurde (Livius 2,5,3f.). Auf der Tiberinsel stand offenbar ein abgegangener Tempel des Flussgottes Tiberis. Von Bedeutung aber ist der Tempel des Asklepios/Aesculapius, der anlässlich einer Seuche im Jahr 293 v. Chr. nach Befragen der Sibyllinischen Bücher gegründet wurde: Eine Gesandtschaft nach Epidauros sollte das Standbild des Asklepios und seine Schlange nach Rom holen; diese bestimmte dann selbst den Platz, wo das Heiligtum eingerichtet werden sollte.« Das Heiligtum (*S. Bartolomeo*) war als Krankenhaus und wegen seiner Lage vermutlich auch als Isolierstation gedacht.

Die Ostspitze der Insel zeigt einen Schiffsbug aus Travertin und die Westspitze vermutlich ein Schiffsheck. Möglicherweise sollte so die schmale und ovale Insel den Eindruck des Schiffes erwecken, das einst die Aesculapschlange nach Rom gebracht hatte.[37] Zumindet ist am Bug Aesculap mit Stab und Schlange dargestellt.

194 v. Chr. wurde an der Nordseite der Insel die Kultstätte für Faunus und Vediovis gegründet, ebenso die des Juppiter Iurarius (Eidgott; *S. Giovanni Calibita*). Auch der Kult des sabinischen Gottes Semo Sancus und der Bellona wurde hier gefeiert.

Die Insel mit dem Vicus Censorii ist über den Pons Fabricius und den Pons Cestius mit dem Festland, das heißt dem Marsfeld und *trans Tiberim* (*Trastevere*), verbunden. Der Pons Fabricius ist 62 Meter lang und 5,5 Meter breit, so dass zwei Wagen aneinander vorbeifahren können. Er besteht aus mit Travertin verblendeten Tuffblöcken. Die beiden Brückenbögen mit einer Spannweite von 24,5 Metern ruhen auf einem Mittelpfeiler, der bogenförmige Durchlässe besitzt, um ihn bei Hochwasser zu entlasten. Nach der Brückeninschrift hat L. Fabricius die Brücke im Jahr 62 v. Chr. gebaut: *L(ucius) Fabricius, C(ai) f(ilius), cur(ator) viar(rum) | faciundum coeravit | idemque | probavit* = »Lucius Fabricius, Sohn des Gaius, Wegemeister, hat für die Errichtung gesorgt und (den Bau) abgenommen« (CIL VI 1305). Auf der dem Marsfeld zugewandten Seite findet sich die Inschrift der Consuln des Jahres 21 v. Chr, M. Lollius und Q. Lepidus, die auf Senatsbeschluss die Brücke wegen notwendiger Renovierungsarbeiten erneut begutachteten, *ex s(enatus) c(onsulto) probaverun(t)* (CIL VI 1305): Es war dasselbe Hochwasser, das auch den Pons Sublicius zerstört hatte.

Die ihr gegenüberliegende Brücke zum Stadtviertel *trans Tiberim* war der Pons Cestius, der vermutlich zur gleichen Zeit gebaut wurde, von dem wir aber nur wissen, dass ihn Hadrian renovieren ließ.[38]

Trans Tiberim

Die Regio XIV umfasst die Insula und deren Wohngebiet, den Janiculus und den Ager Vaticanus. Sie liegt außerhalb des Pomeriums und wurde erst durch die Aurelianische Mauer in die Stadt einbezogen.

Ancus Marcius hatte das Gebiet jenseits des Pons Sublicius besetzt und auf dem Janiculus, der einst die Latinerstadt Antipolis getragen haben soll, eine Verteidigungsstellung errichtet. So wurde während der Volksversammlungen auf dem Marsfeld dort eine Fahne aufgezogen als Zeichen dafür, dass kein Feind sich nähere. In diesem Viertel liegt das uralte Heiligtum (*fanum*) der Dea Dia an der Via Campana und das der Fors Fortuna am ersten Meilenstein der Via Portuense (die alte Via Campana), das Servius Tullius gegründet haben soll (Varro, Lingua Latina 6,17). Dort sollen auch die Landgüter des Mucius Scaevola (Prata Mucia) und des Cincinnatus (Prata Quinctia) gelegen haben. Auf dem Janiculus lagen das Grab des Numa, das des Dichters Ennius und das des Caecilius Statius. Gegen Ende der Republik siedelten in ›Trastevere‹ zunehmend Arbeiter und Handwerker, angezogen vom Hafen. In der Kaiserzeit war es bereits ein riesiges Wohngebiet aus 78 Stadtquartieren (*vici*), doppelt so vielen wie in der nächstgrößeren Regio IX. Nach dem Inschriftenbefund wohnten in *Trastevere* Töpfer, Gerber, Elfenbein- und Marmorarbeiter, Kunsttischler, Müller, Lastenträger, Arbeiter der Ziegeleien. So spiegeln auch die Kulte die soziale Schichtung wider; sie waren häufig östlichen Ursprungs (Mysterienkulte): Dea Syria, Hadad und Sol, Kybele, Isis (*Phrygianum bei S. Peter*); an der Porta Portuense liegt auch der älteste hebräische Friedhof Roms.

Während die Wohnungen der Ärmeren in den feuchten Niederungen lagen, entwickelten sich an den Hängen des Janiculus Gärten und Villen der Reichen. Eine davon gehörte Clodia, der Schwester des berüchtigten Volkstribunen Clodius, noch bekannter als die »Lesbia« in Ovids Dichtung. Ihre Villa lag am Tiberufer (*unter der Villa Farnese*) und war prachtvoll ausgeschmückt. Dort versammelte sich die Jugend Roms, um im Tiber zu schwimmen (Cicero, Pro Caelio 36). Neben der Villa befindet sich ein bedeutender Weinkeller.

Auch Caesar hatte hier, am ersten Meilenstein, einen Park, in dem später Augustus einen See für Schiffsgefechte (Naumachia) anlegte. Im Gebiet des Vatican lagen die Gärten des Agrippa, in denen Caligula später seinen Circus erbaute, und die Horti Domitiae, in denen dann das Hadriansgrabmal (Moles Hadriani = *Engelsburg*) stand.

Zwei Brücken führten über den Tiber, der altehrwürdige Pons Sublicius und der Pons Aemilius. »Der Pons Sublicius wurde«, erläuterte Sagax dem Julius Primus, »im Hochwasser von 21 v. Chr. völlig zerstört, jedoch von Antoninus Pius wieder aufgebaut. Berüchtigter aber ist der Pons Aemilius: Der wegen seines Lebenswandels verhasste Kaiser Elagabal hatte sich vor der Palastwache in einer Latrine versteckt. Man zog ihn dort hervor, brachte ihn um und warf ihn anschließend vom Pons Aemilius in den Tiber, damit man ihn nicht begraben konnte« (Historia Augusta, Heliogabal 17,1).

Von hier aus gelangt man zur Via Campana/Portuensis nach Süden und zur Via Aurelia nach Westen. Die Via Campana führt zu den Salinen an der Tibermündung. Dort stehen auch große Lagerhäuser und repräsentative Grabmäler. Die im dritten Jahrhundert

v. Chr. angelegte Via Aurelia führt durch die Porta Aurelia nach Campanien und über ein Viadukt durch die Tibersümpfe. In der Kaiserzeit wurden die Sümpfe aufgefüllt und Zweckbauten errichtet. Bei der Porta Aurelia verzweigt sich die Straße zum Pons Probi.

Auch der Ager Vaticanus ist durch eine Abzweigung mit der Via Aurelia verbunden. Diese verlässt die Stadt durch die Porta Septimiana. Noch vorher überquert eine Abzweigung den Tiber auf dem Pons Agrippae.

Der Ager Vaticanus selbst ist über den Pons Neronis mit der Via Triumphalis verbunden, die Via Cornelia mit dem Circus des Caligula.

In ›Trastevere‹ befindet sich unter anderem der Tempel des Hercules Cubans, der mit Portraits von Wagenlenkern geschmückt wurde.

An der Via Aurelia (*bei S. Cecilia*) liegen republikanische Gebäude, die im zweiten und vierten Jahrhundert mehrfach restauriert und mit anderen Häusern vereinigt wurden. Dort liegt auch eine Gerberei, vermutlich die Coraria Septimiana.

Ein weiteres Privathaus an der Via Aurelia wurde im zweiten Jahrhundert n. Chr. in das *excubitorium* (Wachlokal) der *Cohors VII Vigilum* verwandelt, zuständig für die Regio IX und XIV. Ein mit schwarzweißem Mosaik ausgestatteter Saal enthält ein sechseckiges Brunnenbecken mit konkaven Seiten. In der Südwand ist eine rechteckige Nische eingetieft mit einem Rundbogenzugang, der von korinthischen Wandpfeilern aus Ziegeln gestützt wird: das Lararium. Um den Saal herum gruppieren sich die Stuben der *vigiles*.

Die vorgenannte Naumachia ließ Augustus im Jahr 2 v. Chr. ausheben; sie erhielt ihr Wasser durch einen Abzweig der Aqua Alsietina. Die Naumachia war 536 Meter lang und 357 Meter breit (*S. Cosimo*).

Dea Syria

In der Nachbarschaft fand sich der Hain der Furrina, eine Quelle, über der ein Tempel errichtet wurde. Sie wurde von dem Kult der Dea Syria seit dem ersten Jahrhundert überlagert und vermutlich von dem syrischen Kaufmann M. Antonius Gaionas in der zweiten Hälfte des dritten Jahrhunderts umgebaut. Dort findet sich eine Sitzstatue des Juppiter von Heliopolis (= Hadad), daneben die der Dea Syria (= Atargatis) und des Merkur (= Simios). An der Ostseite des Heiligtums liegt ein achteckiger Saal mit Apsis und in dessen Mitte ein dreieckiger Altar, an dem Osiris in Gestalt des Attis verehrt wurde, das heißt als Gott des Todes und der Wiedergeburt. Dies ist der Raum der Initiationsriten.

Ager Vaticanus

Er ist eigentlich ein Gräberfeld außerhalb der Stadt, auf dem jedoch auch (kaiserliche) Villen stehen.[39] Hier, neben der Naumachia Trajans, findet sich auch der Circus des Caligula (*S. Peter*), der vermutlich als private Anlage zur Villa der Agrippina gehörte, deren Anfänge jedoch auf das erste Jahrhundert v. Chr. zurückgehen. Caligula ließ dafür ebenfalls einen Obelisk von 25 Metern Höhe per Schiff aus Ägypten herbeischaffen. Claudius versenkte später das Schiff als künstliche Mole in Ostia (Plinius, Naturalis historia 16,201f.). Auf diesem Obelisk brachte Caligula Ehreninschriften für Augustus und Tiberius an (CIL VI 882). Hingegen wurde die frühere Inschrift des C. Cornelius Gallus, Praefectus Aegypti des Augustus, der in Alexandria ein Forum Iulium errichten wollte, getilgt.

Abb. 124
Rekonstruktion der Aedikula über dem sogenannten Petrusgrab (Zeichnung nach Engelbert Kirschbaum).

Abb. 125
Das Mausoleum Kaiser Hadrians – die heutige Engelsburg. Ausschnitt aus einem Stadtmodell des antiken Rom.

Beeindruckend sind die repräsentativen Grabanlagen reicher Freigelassener des zweiten Jahrhunderts n. Chr. (*unter dem Petersdom in Ost-West-Richtung*). Aber auch Christen wurden schon früh hier begraben, wie die Inschrift im Grab der Valerier zeigt: *Petrus roga Iesus Christus pro sanc(tis) hom(ini)b(us) chrestian(is) [ad] corpus suum sepultis* = »Petrus, bitte Jesus Christus für die heiligen Christen, die bei seinem Leibe begraben sind«. Das ganze Grab ist geschmückt mit christlich-biblischer Symbolik. Etwas westlich dieses Grabes gibt es christliche Gräber seit Beginn des ersten Jahrhunderts. Dort lag vermutlich auch das Grab des Petrus, umgeben von späteren Grabbauten: Über seiner einfachen Grabgrube (Fossagrab) wurde im zweiten Jahrhundert ein Denkmal errichtet, das der Ausrichtung des Grabes entsprach. Angelehnt an eine Mauer besteht es aus einer von zwei Säulen gestützten Nische, über der sich eine weitere Nische befindet.[40]

Moles Hadriani

Während Trajan sich und seine Frau Plotina im Sockel der Trajanssäule bestatten ließ, errichtete Hadrian das Grabmal für sich und seine Familie in den Horti Domitiae jenseits des Tibers. Durch eine eigens angelegte Brücke, den Pons Aelius (*Engelsbrücke*), ließ er es mit dem Marsfeld verbinden. Ihre Einweihung erfolgte im Jahr 134 (Historia Augusta, Hadrian 19,11; CIL VI 973). Die Brücke, zu der Rampen führten, ruht auf drei Bögen, das Mausoleum steht gleich dahinter. Vielleicht mit Regierungsantritt begonnen, wurde das Mausoleum erst nach dem Tode des Kaisers in Baiae 138 vollendet; hernach erfolgte die *translatio* des Leichnams von Puteoli (*Pozzuoli*) nach Rom.

Das Grabmal ruht auf einem quadratischen Unterbau mit 89 Metern Seitenlänge und 15 Metern Höhe. Der mit Marmor verkleidete Quadratbau nennt in Inschriften die im Mausoleum Bestatteten. Die Ecken sind durch mächtige Pfeiler verstärkt, auf denen Bronzegruppen mit Männern und Pferden stehen, ebenso Pfauen aus vergoldeter Bronze als Schmuck der Pfeilerecken. Im Innern finden sich strahlenförmig angeordnete überwölbte Räume, die zu einem Rundbau von 65 Metern Durchmesser und 21 Metern Höhe weisen, dem eigentlichen Grabbau. Dieser Rundbau besteht aus Gussmauerwerk mit Verkleidung aus Peperin-, Tuff- und Travertinblöcken, mit Marmor verblendet. Ein kurzer Gang führt zu einem quadratischen *vestibulum* mit einer Nische, in der eine große Statue des Hadrian steht. Über einen spiralförmig ansteigenden marmorverkleideten Gang gelangt man zur eigentlichen Grabkammer. Der Boden des Ganges ist mit weißem Mosaik belegt. Die ebenfalls marmorverkleidete Grabkammer misst 8 × 8 Meter. An drei Seiten befinden sich rechteckige, mit Rundbögen abgeschlossene Nischen, in denen die Aschenurnen für Hadrian, Sabina und Aelius Caesar sowie dessen Sohn Verus aufgestellt sind. Die nachfolgenden Kaiser bis zu Caracalla, also die Dynastie der ›Antonine‹, wurden ebenfalls dort bestattet. Oberhalb der Grabkammer liegen übereinander zwei weitere Räume, das Ganze wird gekrönt von einem vergoldeten Bronzeviergespann mit der Statue des Hadrian. Ähnlich dem Mausoleum des Augustus ist der Raum zwischen der Außenmauer und dem Kernmonument mit Erde aufgeschüttet und als Garten bepflanzt.[41]

Nordöstlich des Mausoleums befindet sich die 300 Meter lange und 102 Meter breite Naumachia Vaticana, die Trajan als Ersatz für die Naumachia Augusti in »Trastevere« einrichten ließ.

Via Appia

Im Jahre 312 v. Chr. ließ der Censor Appius Claudius Caecus außer der Aqua Appia auch die Via Appia befestigen. Sie führte zunächst entlang der Pomptinischen Sümpfe bis Capua und wurde später bis Benevent, 191 bis Brindisi verlängert. Entlang der Straße entstanden frühzeitig große Kammergräber, die heute den Charakter der Via Appia prägen. Cicero (Tusculanae disputationes 1,7,13) nennt als Beispiele dafür die Grabbauten der Calatini, der Scipionen, der Servilier und der Meteller, alle jenseits der Porta Capena gelegen.

Die Via Appia verlässt die Stadt an der Porta Capena, wo auch der 234 v. Chr. von Q. Fabius Maximus errichtete Tempel der Honos steht. M. Claudius Marcellus, der Eroberer von Syrakus, erbaute dann im Jahr 208 v. Chr. den Tempel der Virtus, dort lag auch das Erbbegräbnis der Claudii Marcelli. Bereits 388 (?) wurde dort ein Marsheiligtum errichtet.

Scipionengrab

Hinter der Gabelung der Via Appia und der Via Latina liegt das Grab der Scipionen. Es besitzt eine nach Nordwesten gerichtete monumentale Fassade mit Halbpfeilern. Das Fundament, in dem sich auch der Zugang zum Grabkomplex befindet, wurde mit Fresken geschmückt, die teilweise auf militärische Ereignisse verweisen. Im Laufe der späteren Republik wurden die Fresken immer wieder erneuert, bis man Anfang des ersten Jahrhunderts v. Chr. die Beisetzung einstellte (Cicero, De legibus 2,56 f.). Das Grab ist in den Tuff gehauen, die etwa dreißig Sarkophage sind freistehend in Nischen untergebracht und mit Inschriften, teils gemalt, teils graviert, versehen.

Abb. 126
Scipionengrab an der Via Appia Antica.

Am interessantesten ist dabei das Grabgedicht des L. Cornelius Scipio, gewesener Aedil, Consul und Zensor, Sohn des zuerst hier bestatteten L. Cornelius Scipio Barbatus (CIL VI 1286.7): *Honc oino ploirume cosentiont R[omane] duonoro optumo fuise viro* = »Dieser eine, so stimmen die meisten Römer überein, ist der guten Männer Bester gewesen«. Es handelt sich hier offensichtlich um eine Standardformulierung, da Cicero eine fast identische für das Grabmal des A. Atilius Caietinus (Calatinus), Diktator des Jahres 249 v. Chr., zitiert: *hunc unum plurimae consentiunt gentes, populi primarium fuisse virum* = »Hierin stimmen die meisten Völkerschaften überein, dass er zu den führendsten Männern der Römer zählte« (De Finibus 2,35,116; Cato = de senectute 17,61). Die Leistung der Toten ist zugleich Verpflichtung für die Lebenden. Dies ist der Inhalt der Virtus.

L. Cornelius Scipio Barbatus, Consul 298 v. Chr., war vermutlich der Begründer der Grablege seines Geschlechts, denn er wurde dort an prominenter Stelle bestattet. Nur der berühmte Scipio Africanus Maior liegt nicht hier, sondern, wie Livius (34,45; 38,52f.) und Seneca (Epistulae 86) berichten, auf seinem Landgut in Liternum. Livius berichtet ferner, dass die Fassade drei Statuen schmückten, Publius und Lucius Scipio und der Dichter Ennius, der mit ihnen eng befreundet war (Livius 38,54,4). Nach dem Erlöschen des Zweiges der Cornelii Scipiones übernahmen in der Kaiserzeit die Cornelii Lentuli die Grablege. Auch Decimus Silanus Gaetulicus, *sodalis Augustalis* des Jahres 3 v. Chr., liegt dort bestattet (CIL VI 1439). Im dritten Jahrhundert wurde das Scipionengrab von einem mehrstöckigen Privathaus überbaut.

Columbarien an der Via Appia

Neben der Scipionengrablege befinden sich mehrere Columbarien, so das riesige an der *Vigna Codini*, das, mehrere Stockwerke eingetieft, ungefähr 470 Urnen Platz bietet. Zwischen Via Appia und Via Latina liegt nahe der Aurelianischen Mauer das Columbarium des Pomponius Hylas.

Aus Gussmauerwerk gebaut und mit Ziegeln verkleidet, entstand es in augusteischer oder tiberischer Zeit. Am Fuß der abwärts führenden Treppe befindet sich eine einem Nymphäum ähnliche Apsis mit einem Mosaik aus Glaspaste, von einem Band aus Muscheln eingefasst. Dort sieht man die Mosaikinschrift des Cnaeus Pomponius Hylas und der Pomponia Vitalina, der Freigelassenen des Pomponius. Das Columbarium misst ca. 4 × 3 Meter und ist mit Stuck und Malerei dekoriert. Die Belegung lässt sich aufgrund der Inschriften, die etwa Celadius, einen Freigelassenen des Tiberius, und Paezusa, Friseurin der Octavia, Tochter des Claudius und erste Gattin des Nero, nennen, in die Zeit der julisch-claudischen Dynastie datieren. In flavischer Zeit wurde das Columbarium umgebaut.

Zwischen Scipionengrab und Aurelianischer Mauer finden sich drei weitere Columbarien. Das erste, 5,08 Meter breit und 7,07 beziehungsweise 7,42 Meter lang, ist ganz aus Ziegeln, sechs Meter tief in den Boden eingelassen. Auch der 1,68 × 3,58 Meter messende Mittelpfeiler wurde als Columbarium eingerichtet. Alle Nischen nehmen je zwei Urnen auf, also insgesamt 500 Nischen in neun übereinanderliegenden Reihen. Darüber sind, meist auf Marmortäfelchen graviert, die Namen der Bestatteten genannt. Wie im Hylas-Grab sind vor allem dionysische Motive aufgemalt als Zeichen für ein

Abb. 127
Innenansicht des Colombario della Vigna Codini.

▲ **Abb. 128**
Innenansicht des Colombario di Pomponio Hylas.

glückliches Leben nach dem Tode. Auch dieses Monument stammt aus julisch-claudischer Zeit.

Ein weiteres Columbarium besitzt die Grundfläche von 5,90 × 5,20 Metern und ist sieben Meter tief. Auch hier stehen in den mehr als 300 Nischen je zwei Urnen in neun Reihen übereinander. Das Columbarium bestand nach den Inschriften bereits in augusteischer Zeit und wurde möglicherweise von kaiserlichen Freigelassenen bevorzugt.

Das dritte Columbarium ist hufeisenförmig angelegt und durch eine zweiteilige Treppe begehbar. Die Begräbnisnischen sind hier größer, rechteckig und mit zahlreichen Aedikulen und Bögen versehen. Farbiger Marmor und Malerei schmücken die Wände. Die Höhe ist mit Travertinkonsolen unterteilt, auf die Bohlen zum Begehen gelegt wurden. Auch dieser seit tiberischer Zeit belegte Grabbau nennt viele Freigelassene der kaiserlichen Familien bis in die Zeit des Marc Aurel.

C. Julius Primus kehrte nach diesem ausgedehnten, mehrtägigen Rundgang durch die ›Roma aeterna‹ müde zu seinem Gastgeber zurück. Natürlich hatten ihm entsprechende Empfehlungen ermöglicht, bei Bekannten und Klienten seines Geschäftspartners zu übernachten und ein gutes Abendessen zu genießen – Sagax wurde zuvorkommend in der Küche versorgt. Tagsüber konnten sie sich in den zahllosen Thermopolien (Gastwirtschaften) und an Imbissständen verpflegen. Julius Primus war hoch beeindruckt von der Pracht der öffentlichen Bauten, aber auch abgestoßen von dem Lärm, den nicht immer erträglichen Dünsten in den engen Gassen der Handwerker und Arbeiterviertel und den misstrauischen Blicken von deren Bewohnern. Hoch beeindruckt war er aber auch von der instruktiven Führung und dem vielfältigen Wissen seines Begleiters Sagax, bei dem er sich nunmehr mit einem namhaften Geschenk bedankte. Dann, nach einer ausgiebigen Nachtruhe, verpackte er seine Andenken und die Geschenke für die Familie und machte sich auf die beschwerliche Heimreise.